KB019486

단 한 번밖에 살 수 없다면

인문고전을
읽어라

단 한 번밖에 살 수 없다면

인문고전을
읽어라

김부건 지음

 밀리언서재
Million Publisher

추천사

3년이 지나도록 사라지지 않는 코로나 바이러스, 1년이 다 되어가는 러시아의 우크라이나 침략 전쟁, 세계를 뒤흔드는 기후변화 등이 동시에 이어지는 '완벽한 폭풍(perfect storm)'으로 인해 전 세계는 제2차세계대전 이후 최악의 '고난의 세월'을 살고 있다고 합니다.

그 과정에 한국 역시 예외일 수 없는바, 더 힘든 아프리카나 남미와 같은 지구촌과 비교해보면, 우리는 좀 나은 상황이라고 위로할 수 있으나, 개개인의 현실은 실로 더욱 힘들거나 어려울 수 있습니다. 그리하여 대부분의 현대인들은 '정신적 건강의 위기'를 겪고 있으며, 불확실한 미래를 염려하고 있다고 합니다.

장사가 안 된다고 울부짖는 상공인들의 아우성은 물론, 무역과 수출의 감소로 기업의 경영난이 더욱 심해진다는 소식과 더불어 청년들의 일자리는 줄어들고 은퇴자들의 미래는 어려울 수밖에 없다고 합니다. 이런 와중에도 어디선가는 횡재의 비명을 울리며 시장을 석권하고, 세계를 뒤흔드는 한국문화(K-Culture)가 있습니다. 방탄소년단(BTS)과 블랙핑크, 〈오징어 게임〉과 〈미나리〉, 면역력이 강해진다는 막걸리와 된장찌개 등은 입소문을 타고 글로벌 시장 구석구석을 헤집고 다닙니다. 이럴 때 바로 단순한 위로를 넘어 구체적인 생존 방식을 알려주는 글과 책이 필요합니다.

입에서 나오는 말에는 무게가 있고, 몇 개의 문장으로 만드는 글이나 두꺼운 책에도 '가치의 무게'가 있습니다. 밑줄 그어가며 암기하고 싶은 글이 있습니다. 김부건 작가의 책이 바로 그런 글과 문장으로 엮어놓은 '예술적 철학적 작품'입니다. 공자와 맹자, 장자, 헨리 데이비드 소로와 스티븐 코비까지 불러내어, 고전과 현대를 아우르는 속담과 명언들을 깔끔하게 정리한 이 책은 자기계발서의 한계를 뛰어넘는, 철학과 문학을 골고루 섭렵한 '선생님의 가르침'이라 감히 주장합니다.

'다 그렇고 그런 책'을 누가 읽겠느냐고 묻는 이들도 있지만, 지하철이나 버스에서, 펜으로 밑줄을 치면서 책을 읽는 사람들을 볼 때면 또 다른 희망을 봅니다. 이 책은 바로 그렇게 읽어야 할, 미지의 세계에 도전하고 싶은 사람들에게 등불이 되어줄 수 있는 '현대인의 고전(古典)'이라고 할 수 있습니다. 무한한 상상력의 가치를 증명하면서 "작은 성공의 누적(累積)이 진정한 성공(Accumulated success is real success)"이라는 공식을 제시하고 있습니다. 감출 수 없는 진실의 무게는 지식과 경험이 균형을 이루고, 이론과 현실이 조화로울 때 그 가치를 알려줍니다.

비슷한 책들이 많이 쏟아져 나오고, 좋은 책을 선택하는 게 쉽지 않은 세상이지만, '멀어도 맛있으면 찾아간다'는 시장 원리를 본서(本書)의 독자들에게 증명해줄 것입니다. 대충 읽을 수 없어 펜을 들고 밑줄을 쳐가면서 암기해야 할 것 같은 느낌으로 이 책을 강력히 추천합니다.

홍석기_글로벌 리더십 연구소 대표/칼럼니스트, 기업교육 전문강사
/소설 《시간의 복수》, 《오늘도 계획만 세울래》 저자

복잡다단한 세상에 어떻게 행복하고 성공적으로 살아갈 수 있을까? 저자는 기본으로 돌아가라고 호소한다. 기본은 바로 생활 지혜의 양식으로, 고전에서 찾을 수 있다. 공자, 맹자, 노자 등 수천 년 동안 내려온 동서고금의 지혜를 현대판으로 해석해서 길라잡이를 제시하고 있다. 인문고전의 한국판 '탈무드'인《단 한 번밖에 살 수 없다면 인문고전을 읽어라》는 삶의 성공 나침반이다.

김택환_경기대학교 교수

인문의 본질과 그 역사는 동서양을 통틀어 '고전을 통한 배움과 인지'를 통해 더욱 규명되고 발전되어왔다. 이 책은 인문고전이 밝히는 '명분과 실리'를 인문사회적 관점에서 본보기가 될 수 있는 사례들로 잘 풀어놓았다. 다소 어렵게 느껴질 수 있는 인문고전 분야를 누구나 쉽게 읽고 실천할 수 있도록 자기계발 분야로 적시한 만큼 더 많은 독자들의 일독을 권한다.

박희영_서울경제연합/'사색의 향기' 이사장

3만 시간 성공학 강의와 200편 성공 칼럼을 게재한 성공 경영 컨설턴트로서 이 책을 독자들에게 강력하게 추천하고 싶다. 그 이유는 지금까지 출판된 수많은 자기계발 서적과는 완전히 차원이 다른 관점에서 저자의 경험과 솔직한 감정에 충실하여 누구나 실천하기 쉬운 사례와 논리를 전개했기 때문이다. 한편 이 책은 4차 산업혁명이 지향하는 홍익인간과 이화 세계, 경천애인 사상이 골고루 녹아 있다는 점도 눈여겨볼 만하다.

한대규_4차 산업혁명 특별위원장/전) 한국전력공사 중앙연수원 책임교수

첨단기술과 디지털 혁신은 우리가 살아가는 세상을 빠르게 변화시키고 있다. 급변하는 현대사회에서 우리는 어떻게 살아가야 할 것인가? 김부건 작가는 이에 대한 답을 인문고전으로부터 구하고 있다. 우리가 21세기 변혁의 시대를 살아가면서 필요한 교훈을 인문고전의 힘을 빌려 제시하고 있다. 김부건 작가는 인문고전을 새롭게 해석하고 현대인에게 적합한 교훈을 창의적으로 설계하였다. 이 책에서 제시된 100개의 제안을 이해하고 실행한다면 우리는 현실에서 지혜롭게 문제를 해결하고 성공의 가능성을 높이게 될 것이다.

한인구_KAIST 경영대학 명예교수

인문고전에 묻고 세상에 답하라

부지불식간에 하루를 소일하며 세월을 먹어가는 동안 희망과 비전 또한 병들고 지칠 대로 지쳐 맥 풀린 노견(老犬)처럼 쉬이 자리를 박차고 나와 뛰놀지 못한다. 삶에 있어 무조건적 긍정과 덧대어 필수 불가결한 원동력은 무엇이길래 이토록 내 뜻대로 살아지지 않는 걸까? 자신의 단점과 일상의 루틴에 갇혀 있다 보면, 삶이 비루해지고 느는 것은 한숨과 두려움뿐이다.

세상이 일사천리(一瀉千里)로 바뀌어갈수록 우리는 더욱 정신없이 살아가게 될 것이다. 그럴수록 근본 뿌리가 튼튼해야 시시때때로 덮치는 어려움에도 변함없이 흔들리지 않고 꿋꿋이 살아갈 수 있다. 삶을 통찰하는 지혜, 좋은 인성과 삶을 대하는 올바른 태도, 대인관계의 근본이 되는 사상이 바로 인문고전에 있다. 옛 선인들의 삶을 바라보는 방식과 통찰력을 깨쳐서 남보다 먼저 실행에 옮길 수 있다면, 자신감과 자존감은 분명 배가될 것이다. 그렇게 된다면 일상을 한숨과 함께 허투루 흘려보내는 일은 없을 것이다.

이 책은 선인들이 삶의 지침으로 삼은 고전의 정수를 자기계발서로 새롭게 풀어낸 것이다. 인문고전은 으레 무겁고 어렵다는 편견을 버리고 가볍고 쉽게 읽을 수 있도록 현대인들이 흔히 맞닥뜨리는 인간관계, 성공, 자기관리, 마음 다스림 등에 관한 내용들을 추려서 정리했다.

평생 배움이 필요한 시대에 탁월한 자생력을 갖추고 더불어 살 수 있는 배려와 미덕, 선한 영향력을 가진 인성(人性)의 실행자로 거듭나길 바란다. 우리는 단 한 번밖에 살 수 없다. 그런데도 많은 사람들은 소중한 하루를 어제와 다름없이 그저 흘려보내고 있다. 누구나 그렇게 살아갈 것이라고 생각하는 것은 자기변명과 같다. 내일은 분명 오늘과 달라야 한다. 구일신 일일신 우일신(苟日新 日日新 又日新), '진실로 새로워지려거든, 날마다 새롭게, 또 날마다 새롭게 하라.'

단 한 번뿐인 인생을 사는 당신이 늘 곁에 두고 읽는 책이 되기를 간절히 희망한다. 책이 나오기까지 애써주신 밀리언서재 정서윤 대표에게도 감사의 말을 전한다. 이 책을 통해 우리 모두의 더욱 당당한 삶을 응원한다.

2022년 11월 늦가을의 끝자락에서
청파 김부건

PART 01

최고가 될 준비가
되었는가?

人文
古典

PART
02

성공의
추월차선으로
변경하라

人文古典

PART

03

인생에
플러스가 되는
사람을 만나라

人文
古典

PART 04

운과 기회는
내 마음이
불러들이는 것이다

人文
古典

人文古典

PART 01

최고가 될
준비가
되었는가?

001

/

할 수 없다고 생각하면 하지 못한다

나는 하지 않는 것일 뿐, 하지 못하는 것이 아니다.

불위야 비불능야 不爲也 非不能也

《맹자》〈양혜왕 상(梁惠王 上)〉

"태산을 옆구리에 끼고 북해를 건너뛰는 일을 두고 '나는 할 수 없다'고 말한다면, 이는 진실로 할 수 없는 것이다. 그러나 어른을 위해 가지를 꺾는 일을 두고 '나는 할 수 없다'고 말한다면, 이는 하지 않는 것이지 할 수 없는 게 아니다."

예전 대하드라마 〈정도전〉에서도 인용된 문구입니다. 그 당시 시대적 상황에서 왕이 어진 정치를 베풀지 못한다는 것은 할 수 있는데도 할 수 없다고 말하는 것입니다. 이를 현시대에 맞게 번역하면 '자신의 역할을 제대로 해내지 못하는 사람'을 각성시키기 위한 말입니다.

시대를 막론하고 '할 수 없는 것'과 '하지 않는 것'은 분명한 차이가 있습니다.

'할 수 없는 것'은 가능과 불가능의 범주로 나뉩니다. 가능한 일은 무조건 도전하면 해낼 수 있지만, 불가능한 일은 아무리 도전한다고 해도 자신의 능력과 의지로는 불가항력일 수 있습니다.

하지만 '하지 않는 것'은 자신의 의지와 도전 정신에 달려 있습니다. '공부는 결코 안 해서 못하는 것이지, 못해서 안 하는 것이 아니다'라는 말도 있습니다. 대한민국에서 학창 시절을 겪어본 사람이라면 누구나 공감하는 표현이지요. 어떠한 노력도 없이 사과나무 밑에서 사과가 떨어지기만을 기다리는 이들에게는 결코 좋은 기회가 찾아오지 않습니다.

코로나까지 겹친 불황의 시대에 경쟁력은 '자기계발 의지와 할 수 있다는 자신감'입니다. 무한 경쟁 사회에서 철저히 살아남기 위해서는 게으른 마인드와 두려움을 반드시 극복해야 합니다. 매사에 태산을 끼고 북해를 건너야 하는 불가능한 일을 요구하는 것이 아니라, '지금 당장 해야 할 일들에 최선을 다해 결과를 내는 이들에게 반드시 보상이 따르는 법'임을 늘 명심해야 합니다.

내가 할 수 있다는 자신감만 있다면 해낼 수 있습니다. 성공은 거듭 실패를 통해 얻어지는 부산물이며, 한 번도 실패하지 않았다면 한 번도 시도하지 않은 것임을 뜻합니다. 거듭 자신의 무력한 도전 의지와 게으름을 질타해야 할 것입니다.

성공은 지금 당장 바로 시작하는 것에서 비롯됩니다. 지금 할 수 없는 일을 할 수 없다고 당당히 말할 수 있는 사람인가요? 아니면 당연히 할 수 있고 해야 하는 일을 자꾸 미루며 온갖 핑계를 대는 사람인가요? 핑곗거리를 찾고 자꾸 미루는 이에게는 성공이 주어지지 않습니다. 성공이란 할 수 있다는 자신감으로 당장 실천하는 이에게 주어지는 큰 보상과도 같은 것입니다.

002

/

일이 풀리지 않을 때는 자신부터 돌아본다

그해 농사를 망친 것을 세월 탓으로 돌리지 말라.

무죄세 사천하지민지언 無罪歲 斯天下之民至焉

－《맹자》〈양혜왕 상〉

"흉년의 탓으로 돌리지 말라. 백성의 기아를 금년의 기후가 나빴기 때문이라고 하거나, 잘못이 흉년에 있다는 등과 같이 세월을 탓하지 않고 그것을 왕 스스로의 책임으로 여기고 정치를 한다면 천하의 농민들은 모두 기뻐하면서 왕의 치하로 모여들 것이다."

왕이 어진 정치를 베풀면 백성들은 그를 본받아 분수에 맞게 살 것이고, 왕이 걱정하는 것처럼 아랫사람이 윗사람을 해치는 일은 일어나지 않아 나라를 오랫동안 다스릴 수 있을 것이라고 말했습니다. 맹자는 왕이 패권주의에 물들지 않고 중심을 백성들에게 두어 도덕정치를 베풀 때, 비로소 백성들도 인의(仁義) 정신을 받들어 왕에 대한 무한 신뢰와 충성을 하게 된다는 가르침을 준 것이지요.

외부로부터 침입도 없고 어떠한 적의 침공도 능히 무찌를 수 있는, 안으로 단단한 결속력을 갖춘 태평천국이라 한들 흉년이 들면 민심은 순식간에 흉흉해지며 도적과 불신, 시기 세력들이 판을 치게 됩니다. 과연 말 그대로 흉년이 왕의 책임일까요?

이는 흉년이 들어 농사를 망친 모든 탓을 기후나 백성의 책임으로 전가하지 않고 어쩔 수 없는 결과에 대해 왕이 책임지고 최대한 빨리 종결짓자는 의미입니다. 내부적으로 민심이 흉흉해지거나 기아에 시달리지 않도록 발 빠른 대책을 수립해야 함을 언급한 것입니다.

다양한 직업군으로 세분화된 현대사회에서는 농사짓기처럼 자연환경에 의존하기보다 대부분 인적 관리와 물적 관리로 나눠지고, 일을 추진하는 과정에서 크고 작은 불상사가 생겨납니다.

그 가운데 가장 문제되는 부분은 책임 소재를 파악하는 것과 더불어 누군가는 그 책임을 피할 수 없다는 것이지요. 반드시 억울한 사람도 생겨나고 더러는 자신을 희생해서 모든 책임을 스스로 짊어지겠다는 의인도 있겠지만, 가장 경계해야 할 것은 '책임 전가'를 하려는 악의적인 마음입니다.

맹자는 인(仁)은 사람들의 편안한 집이고 의(義)는 사람들의 바른 길임을 알 때, 올바른 정도(正道)의 이치를 깨달을 수 있다고 했습니다. 본인이 잘못했다면 과감히 그것을 인정하고 반성하는 시간을 스스로 가져보는 것도 반드시 필요합니다.

'남 탓 네 탓'을 하면 할수록 그만큼 내 주위에는 불신과 저해 세력들이 양산될 것입니다. 하지만 '내 탓'으로 책임을 인정하고 새로운 해결 방안을 찾고자 노력한다면, 내 주변에는 어느새 나를 인정하고 존경하는 사람들이 모여든다는 사실을 늘 잊지 말고 살아가야 할 것입니다.

003

좋은 기운이 좋은 운을 불러들인다

너에게서 출발한 것은 다시 너에게로 돌아간다.

출호이자 반호이자야 出乎爾者 反乎爾者也
–《맹자》〈양혜왕 하〉

"네가 한 언행은 네게로 돌아간다. 즉, 선에는 선이 돌아오고, 악에는 악이 돌아온다."

노(魯)나라와의 싸움에서 추(鄒)나라 군대의 장교가 33명이나 전사했는데, 그 부하인 백성의 군대는 한 사람도 죽지 않았습니다. 추나라의 목공(穆公)이 이를 걱정하여 묻자 맹자는 평소 장교들의 행위가 잘못되었기 때문에 백성들이 보복한 것이라고 가르쳐주었습니다.

위기가 닥치면 조직의 응집력과 사생결단의 전투력은 지휘관의 현명한 인솔과 백성들의 충만한 사기에서 비롯되는 것이라고 해도 과언이 아닐 것입니다.

무심코 던진 말이나 행동이 타인의 응분을 사거나 큰 실례를 저질렀을 때 상대의 심정은 과연 어떨까요? 항상 역지사지(易地思之)를 실생활에 적용하고 실천하는 자세를 가져야 합니다.

사람은 저마다 다른 개성과 능력을 가지고 있기에 똑같이 생각하고 똑같이 행동하는 사람은 없습니다. 그렇기에 누구나 할 것 없이 존중받아야 할 소중한 존재들입니다.

어떤 결과를 맺고 싶은지는 이미 자기 스스로 결정할 수 있습니다.

세상이 불공평하다고 짜증부터 내고 하는 일이 불만족스럽다고 늘 인상을 찌푸리고 사는 이들은 너무나 많은 에너지가 빠져나가고 있음을 인지해야 할 것입니다. 불평불만을 앞세우기보다는 자신에게 주어진 상황을 보다 긍정적으로 변화시키기 위해 늘 노력해야 합니다. 이는 자신에게 이로움은 물론이고 나아가 주변 사람들도 더 행복한 일입니다.

스스로에게 희망과 용기를 불어넣으면, 그것이 소소한 기쁨이 되고 행복이 됩니다. 긍정적인 기운을 자꾸 흡입하는 가운데 진정 다 같이 행복한 삶이 펼쳐진다는 것을 늘 잊지 말아야 하겠습니다.

자신에게서 비롯된 나쁜 기운은 먼저 주위를 오염시키고 결국엔 다시 내게로 되돌아옵니다. 그만큼 좋은 기운이 배가될수록 결국에는 내가 더 행복해집니다.

단 한 번밖에 살 수 없다면 인문고전을 읽어라

004

실패의 계획이 아닌 성공의 계획을 세워라

새는 밝은 곳에서 나와 어두운 곳으로 날아가지 않는다.
오문출어유곡 천우교목자 미문하교 이입어유곡자
吾聞出於幽谷 遷于喬木者 未聞下喬 而入於幽谷者
-《맹자》〈등문공장구 상(滕文公章句 上)〉

"나는 그윽한 골짜기에서 나와 높은 나무로 옮겨 간다는 소리는
들었으나, 높은 나무에서 내려와 그윽한 골짜기로 들어간다는
말은 듣지 못했다."

새들의 날갯짓과 행동 방향에 대한 이 문구는 당시 시대 상황에
서 볼 때 학문적 재량의 발전과 후퇴를 비유한 것입니다. 세상 모

든 이치와 만물의 생장에는 밝음과 어둠, 빛과 그림자, 발전과 후퇴, 옳고 그름이 있습니다.

여기서 우리는 '명암(明暗)'의 의미를 잘 들여다봐야 합니다. 일단 밝은 곳에서 어두운 곳으로 들어가면 빛을 잃어 앞으로 나아가기 어려울 수밖에 없습니다.

그만큼 새들의 진로에서 빛이 주는 영향력은 대단한 것입니다. 어두워서 전면 시야가 확보되지 않은 공간으로 단체 이동을 하는 것은 그만큼 불편한 것이지요.

맹자는 "발전을 위해 어떤 일을 꾀하는 경우는 있어도 후퇴를 위해 어떤 일을 꾀하는 경우는 없었다"라고 하면서 진량(陳良)이 초나라에서 중원(中原)에 온 것은 자신의 발전을 위한 것인데, 지금 허행(虛行)의 학문을 따르기 위해 이전에 배운 올바른 학문을 그만둔 행위는 문명인이 야만인이 되고자 뒤로 물러나는 행위로, 이런 예는 아직 없었던 것이라고 하며 진량의 행위를 강하게 나무랐다고 합니다.

학문적 배움에도 올바른 견지에서 발전과 후퇴가 있음을 명시하는 대목입니다.

앎이 주는 희열과 배움의 의지가 있겠지만 오늘날 정보가 홍수

처럼 넘쳐나는 디지털 문명사회에서는 온갖 얄팍한 상술과 이기적 발상에서 비롯된 정보들도 넘쳐나고 있음을 인식하고 지식을 무조건적으로 흡수하지 말아야 합니다.

그만큼 현대인들의 삶 자체가 각박해지고 여유가 없어진 탓도 있겠지만, 정보뿐만 아니라 학문에 대한 식견 또한 스스로 판단해서 양질의 것들을 받아들일 수 있어야 합니다.

'새들은 날아가면서 결코 뒤돌아보지 않는다'고 합니다. 물론 목뼈를 제대로 활용할 수 없는 생체구조 탓도 있겠지만, 이미 지나쳐버린 행적을 돌아보는 것은 갈 길 바쁜 행로에 아무런 의미가 없다는 뜻이겠지요.

배움에는 끝이 없습니다. 과거에 알았던 사실과 지식, 학문적 이론일지라도 시간이 지나면 시대 조류에 언제든 뒤처질 수 있다는 것을 인지해야 합니다. 늘 배움이 있는 삶과 공부를 통해 깨어 있는 인생을 만들어나가야 할 것입니다.

005
/
조급함은 성공의 장애물이다

결코 마음으로 잊지 말고 억지로 자라기를 도와주지도 말라.

심물망 물조장야 心勿忘 勿助長也

- 《맹자》 〈공손추 상(公孫丑 上)〉

"주의를 태만히 해서는 안 된다. 그러나 때를 기다리지 않고 무리하게 자라기를 도와주어서도 안 된다. 일을 할 때는 그 일에 집중해야 하지만 조장(助長), 즉 자연스러운 발달을 기다리지 않고 무리하게 성과를 빨리 이루려고 해서는 안 된다. 옛날 송(宋)나라에 어리석은 사람이 있었는데, 자기 밭의 싹이 남의 밭의 싹보다 더디게 자라는 것을 안타깝게 여겨, 몰래 나가서 싹을 무리하게 잡아서 늘렸다. 그것을 듣고 집안사람들이 가서 보니, 무참하게도 벼의 싹이 모두 시들어 있었다. 필요한 것은 싹을 잡아당기는 어리석음이 아니라, 싹이 잘 자라도록 김매는 것임을 잊지 않아야 한다."

자신이 거둘 곡식의 싹을 잘 자라게 하는 방법이 잘못된 것입니다. 모심기를 촘촘히 하고 김매기와 논에 물 대기를 충실히 한 후에 풍년을 기원해야 합니다.

마음이 조급하면 자칫 일을 그르칠 수 있습니다. 성과 지상주의 시대에 살고 있는 현대인의 마음속에는 남보다 더 잘되고 더 많은 성과를 내고픈 욕심이 있습니다. 그 욕심이 오히려 일을 그르치고 나쁜 결과를 낼 수 있습니다. 최선을 다한 후에는 순리에 따를 수 있도록 자신의 마음을 내려놓을 필요가 있습니다.

인생에 있어서도 잘못된 길로 들어섰는데도 인식하지 못하는 경우가 많습니다. 조급한 마음에 충분한 계획과 준비 없이 일을 시작하거나 자신이 가진 능력을 과대포장하려고 애쓰는 것입니다.

먼저 나 자신의 장단점을 잘 인지하고 당장 필요한 것이 무엇인지, 해야 할 것이 무엇인지, 더 잘할 수 있는 방법이 무엇인지에 대한 고찰을 게을리하지 말아야 합니다.

일시불포(一匙不飽)라는 말이 있습니다. '한 숟갈의 밥으로는 배부르지 않다'는 뜻입니다. 이제 막 한술 뜨려는데 그만 먹으라고 한다면 만족할 만한 식사가 될 리 만무한 것이지요.

또한 대기만성(大器晩成)은 '큰 그릇은 늦게 채워진다'는 의미로, 큰 인물이 만들어지는 데는 시간과 노력이 더 많이 든다는 뜻입니다. 하물며 갓 심은 벼가 금방 풍성하게 자라기를 기대한다는 것 자체가 잘못된 것입니다.

원하는 목적을 달성하기 위해 수단과 방법을 가리지 않는 삶에는 분명 문제가 있습니다. 과욕을 부르고 남과 비교하는 삶을 통해 자신의 처지를 비관해서 자칫 자멸할 수도 있음을 알아야 합니다. 늘 기본에 충실한 삶, 최선을 다한 후 기다릴 줄 아는 진정 여유로운 삶을 살아야 하겠습니다.

단 한 번밖에 살 수 없다면 인문고전을 읽어라

006

칭찬에 우쭐하거나 비난에 좌절하지 않는다

때론 생각지도 못했던 영예가 있으며,
완벽을 위해 노력했으나 되레 비난받는 때도 있다.

유불우지예 유구전지훼 有不虞之譽 有求全之毁
– 《맹자》〈이루 상(離婁 上)〉

"대단한 일도 아닌데 생각지도 못한 영예를 얻는 경우가 있으며,
만전을 기해서 했는데도 생각지도 못한 세상의 비난을 받는 경우
도 있다. 세상에서 평가하는 칭찬과 비난은 반드시 그 실체와 일
치하는 것이 아니므로 거기에 지나치게 신경 쓰는 것은 어리석은
일이다."

인생에는 온갖 우여곡절이 있게 마련입니다. 고행(苦行)이든 경사(京司)든 예견된 것이라면 대처해나가는 데 큰 무리가 없겠지요. 하지만 원하지 않았던 변수가 갑자기 생긴다거나 의도한 대로 일이 잘 풀리지 않을 때는 많은 스트레스와 회의감을 느끼게 됩니다.

더욱이 나름 자신감을 갖고 일을 진행했음에도 불구하고 칭찬이 아닌 비난과 질타를 받는 경우에는 더 큰 좌절감을 느끼게 됩니다.

그 반대의 경우도 있습니다. 본인이 의도하지 않았음에도 큰 호재가 생기거나 호사로운 일을 겪게 되면 뜻밖의 행운으로 우쭐해져서 경거망동할 수도 있습니다.

누구나 어떤 일에 연연해하지 않고 굳건히 자신의 의지대로 살아가고 싶어 합니다. 때론 칭찬이 독이 되기도 하고 간혹 비난이 약이 되기도 합니다. 문제는 칭찬이나 비난을 받았을 때, 자신이 응대하는 관점의 차이에 따라 극복할 수 있는 일시적 장애가 되기도 하고 더욱 발전할 수 있는 좋은 계기가 되기도 하는 것입니다.

자로가 공자에게 물었습니다.

"스승님! 물그릇이 가득 차고도 쓰러지지 않을 방법은 없습니까?"

"있다. 그것은 아무리 영리하고 재주와 지혜가 있다 할지라도 자기 몸을 지킬 때는 어리석은 체해야 할 것이고, 아무리 공을 천하

단 한 번밖에 살 수 없다면 인문고전을 읽어라

게 남겼다고 하더라도 자기 생명을 지키기 위해서는 양보해야 할 것이며, 힘과 용기에 대하여 당할 자가 없다고 하더라도 자기 몸을 지킬 때는 두려워하는 듯해야 할 것이며, 재산이 온 세상을 가득 채웠다고 하더라도 검소해야 몸을 온전히 지킬 수 있다. 이것이 바로 자기 몸을 바르게 하는 도리다."

'중용(中庸)의 도'에 관한 일화입니다. 각자의 삶은 자신이 가진 능력과 마음가짐에 따라 많은 차이가 날 수 있습니다.

이 세상은 각자 다른 수많은 나로 이루어져 있습니다. 그 수많은 나의 집합체로 구성된 사회조직 내에서 각자 개성과 능력의 차이를 인정할 수밖에 없습니다. 게다가 마인드와 운에 의해서도 많은 변수가 생길 수 있습니다.

매사에 완벽한 삶을 추구하기보다는 최선의 노력을 다한 후 범사에 휘둘리지 않는 강한 정신력을 키워나가야 할 때입니다.

007

다른 사람이 스스로 따르게 하라

힘으로써 남을 복종하게 하였을 때, 상대방은 진심으로
복종하는 것이 아니라 당장 힘이 부족하기 때문이다.

이력복인자 비심복야 역불섬야 以力服人者 非心服也 力不贍也

－《맹자》〈공손추 상〉

"힘으로써 사람을 복종시켰어도 복종당한 쪽은 진심으로 복종하
는 것이 아니다. 반항할 힘이 부족하기 때문에 어쩔 수 없이 복종
할 뿐이며, 언제 다시 배반할지 모른다."

공손추가 스승인 맹자에게 물었습니다. "감히 묻겠습니다. 스승
님께서는 어디에 장점이 있습니까?" 맹자가 말하기를 "나는 나의

호연지기(浩然之氣)를 잘 기른다"라고 대답했습니다.

공손추는 어떤 부분에 자신 있느냐고 물은 것인데, 맹자는 상대의 말뜻을 잘 파악하여 자신은 호연지기를 잘 기른다고 대답한 것입니다.

'호연지기'를 한마디로 설명하기는 어렵지만 '도의(道義)에 뿌리를 박고 떳떳하여 조금도 부끄러울 것이 없는 도덕적 용기'를 뜻하며, 그런 까닭에 '그 기의 본질이 지극히 크고 굳세기에 올바르게 길러진다면 기가 온 천지에 가득 차게 됨'을 의미합니다.

현대사회에서 갑과 을의 관계는 너무나도 명확합니다. 명령하는 자와 받는 자, 이권을 가진 자와 그렇지 못한 자가 있습니다. 사람 사이의 감정 소통과 업무에 대한 평가는 늘 내 마음 같지 않습니다. 내가 평가자의 입장이 되었을 때, 공정한 심사가 아닌 감정에 치우치거나 권력을 남용하여 상대에게 굴욕감을 준다면 상대는 그 일을 쉽게 잊지 못할 것입니다.

물론 반대의 경우도 마찬가지겠지요. 그래서 사람은 늘 역지사지(易地思之)로 먼저 상대의 마음을 배려해야 자신에게도 좋은 결과가 돌아오는 것입니다.

쓸데없는 복수심을 키워서 되갚아주려고 하기보다 호연지기의 마음을 길러야 합니다. 또한 힘이 약해서 당한 자들은 언제든 힘을 길러 되갚으려 할지도 모르니, 힘과 권력을 통해 상대를 지배하려는 마음 자세를 버려야 합니다.

여유토강(茹柔吐剛)이라는 말이 있습니다. '부드러우면 삼키고 강하면 뱉는다', 즉 약한 자에게는 강하고 강한 자에게는 약하다는 뜻입니다. 진정한 현자는 '약한 자에게는 약하고 강한 자에게는 강한 사람'입니다. 우리는 약자와 강자, 어느 쪽이든 될 수 있습니다.

바쁜 현대사회에서 때로는 '일보후퇴가 십보전진'이 되는 경우는 얼마든지 있습니다. 나보다 상대의 입장에서 우선 배려한 다음 자신의 마음을 살피는 자세가 필요합니다. 우리네 인생살이에는 영원한 승자도 영원한 패자도 없습니다.

008

/

귀를 열면 마음도 열린다

남들이 자기에게 허물과 잘못이 있음을 말해주면 기뻐하였다.

인 고지이유과칙희 人 告之以有過則喜

– 《맹자》 〈공손추 상〉

"내가 어떤 것에 대해 잘 모르거나 잘못 알아서 잘못이 빚어지기도 한다. 자신의 부족함이나 잘못, 허물을 인정할 때 비로소 개선 방안이 나오고 다시금 실수나 잘못을 반복하지 않을 수 있다."

자신만의 확실한 주관과 고집, 개성이 있어야 치열한 경쟁사회에서 살아남을 수 있습니다. 하지만 이것에 너무 집중하다 보면, 타인의 의도나 관점에서 보지 않고 오로지 자기 입장만 고수하며 타인의 의견을 무시하는 경우도 종종 생깁니다.

이 세상에 완벽한 사람은 없습니다. 물론 자신을 사랑하는 마음과 타인에게 휘둘리지 않는 일관성 있는 고집, 세상을 멀리 내다볼 줄 아는 혜안을 가져야 합니다. 하지만 자신의 불찰을 돌아보지 않고 자기 의견만을 고집한다거나, 새로운 관점을 받아들이고 변화를 시도하지 않는다면 능히 도태될 수밖에 없습니다.

자로(子路)는 노의 변(卞) 사람인데, 공자보다 9년 어렸습니다. 그는 생각보다 행동이 앞서 늘 공자의 꾸지람을 많이 들었습니다. 하지만 그는 누군가 자신의 잘못을 가르쳐주면 기쁘게 받아들여 올바르게 고쳤다고 합니다. 자로는 성격이 거칠고 용맹하여 힘쓰는 것을 좋아했고 의지가 남달리 강했습니다. 늘 수탉의 꼬리로 만든 모자를 쓰고 수퇘지의 가죽으로 장식한 검을 차고 다녔는데, 자신의 힘만 믿고 한때는 공자를 업신여기기도 했답니다.

그런 자로를 공자는 늘 예의로 대하며 천천히 이끌었습니다. 결국 자로는 스승에게 드릴 예물을 가지고 문인을 통해 제자가 되기를 청했습니다. 공자는 그를 제자로 받아들여 학문을 깨치고 실천하는 방법을 가르쳤습니다. 자로는 무인의 성향을 타고났지만, 공자의 가르침을 통해 진정한 학문의 깨달음을 얻었습니다.

대다수 사람들은 자신이 저지른 잘못을 알고는 있지만, 순순히 인정하려고 하지 않습니다. 자신의 잘못을 인정하는 순간 인격과 자존심도 같이 무너질 것이라고 생각하기 때문입니다.

어리석은 자들은 오로지 칭찬이나 감언이설(甘言利說)에만 집중하며 진정 자신을 위하는 충고나 질타에는 되레 '너나 잘해!'라는 식으로 되받아칩니다. 결국 귀를 닫으면 마음이 닫히고 마음이 닫히면 사람들과의 소통은 기대할 수 없습니다.

자신이 저지른 잘못은 누가 지적하기 전에 내가 먼저 알아차립니다. 순순히 잘못을 인정하고 자신도 몰랐던 나의 잘못을 알려준다면, 되레 기뻐하며 흔쾌히 받아들여야 삶에 긍정적인 변화가 찾아옵니다.

009

/

내가 가진 단 1%의 탁월함을 드러내라

너는 너이고 나는 나일 뿐이다.

이위이 아위아 爾爲爾 我爲我

-《맹자》〈만장 하(萬章 下)〉

"뜻이 높은 사람은 세상 풍속에 동요되지 않는다. 너는 너고 나는 나다. 비록 네가 내 곁에서 예의에 어긋나는 태도를 취하더라도 나의 청렴결백(淸廉潔白)을 더럽힐 수는 없다."

사람은 본래 강한 마음, 이기심, 두려움 없는 용기를 갖고 태어나지 않습니다. 자라는 환경과 부대끼는 세상살이에서 스스로 환경에 적응하며 살아가는 것입니다. 지배와 피지배의 예속된 환경에서 자신을 구속하며 살아가는 습성이 생기는 것입니다.

누구나 유일무이한 존재로 태어났지만, 모든 사람들이 자신에 대한 믿음과 확신을 갖고 일과 가정, 사회생활의 균형을 맞춰서 살아가는 것은 아닙니다.

아무리 환경의 지배를 받을 수밖에 없다 하더라도 개개인이 갖고 있는 개성과 능력, 뚜렷한 자의식과 의지를 갖고 살아간다면 그리 큰 문제는 없을 것입니다. 하지만 현실은 자기 생각과 의지대로 움직이지 않습니다. 주관적 사고를 확립하고 타인의 의도나 지시에 무조건적으로 순응하는 태도를 지양해야 합니다.

'자신이 옳다'고 생각하는 사람에게서는 결코 흔들리지 않는 의지와 기개가 엿보입니다. 세상의 중심이 자신에게 향해 있는 것입니다. 예로부터 현자들은 삶의 중심을 타인에 두지 않고 자신 안에 두어 늘 존재 가치를 정립하고 예(禮)를 지켜나갔습니다.

'가장 위험한 현자'라고 불리는 마키아벨리는 자신의 존재감을 잃고 방황하는 대중에 대해 이렇게 얘기했습니다. "대중의 습성은 얼이 빠진 짐승처럼, 사나운 본성을 지니고 숲에서 태어났음에도 불구하고 오랫동안 우리에 갇혀 노예처럼 사육되다가 뜻밖에 자유로워져서 들판에 방목되면 먹잇감이 어디 있는지, 보금자리인 동굴이 어디 있는지 그저 어리둥절해서 주의를 두리번거리다 누군가 다시 잡으러 오면, 즉시 그 먹잇감이 되어버리는 것과 같다. 타인의 명령 아래 사는 데 익숙해진 대중이 바로 그와 같은 처지가 되는 것이다."

우리는 대중이라는 이름에 묻혀 늘 강자의 논리에 휘둘리고 피식자의 삶에 익숙해져가는 건 아닌지 돌아보아야 합니다. 약육강식의 세계에서 스스로를 나약한 존재로 인식하고 그저 대중 속에 묻어가는 인생이 되지 않으려면 우선 '나로부터의 인식 전환'이 필요합니다. 그냥 잘나가는 사람들 무리에 섞여서 존재감 없이 하루하루를 살아가는 삶에는 '진정한 자아'가 없습니다. 개성과 능력, 할 수 있다는 자신감만으로도 충분히 자신의 가치를 실현할 수 있음을 명심해야 합니다. 99%가 대중성에 휩쓸리더라도 자신이 가진 1%의 탁월성만큼은 당당히 드러내고 살아야 합니다.

010

남을 이기려면 나부터 이겨내라

현재 지위가 없음을 걱정하지 말고
당장 지위를 얻을 실력이 있는지를 걱정하라.
불환무위 환소이립 不患無位 患所以立
－《논어》〈리인(里仁)〉

"높은 지위를 얻을 수 없는 것을 걱정하기보다는 그 지위에 오를
수 있는 실력을 쌓도록 노력해야 한다."

《논어(論語)》에는 군자의 도리(道理), 의(義), 예(禮)에 관한 도덕적
표현들이 많이 나옵니다. 자신의 능력을 먼저 쌓아서 사회적으로
출세하기를 바라는 것이 도리입니다.

사람이라면 누구나 출세와 입신양명을 하고자 하는 욕망을 가지고 있습니다. 하지만 자신의 실력은 미천한데 빠른 승진이나 출세를 꿈꾼다면, 어리석은 욕심이 될 수 있습니다.

탁월한 능력이 출세와 성공으로 직결되는 것은 아닙니다. 그만큼 학연과 지연, 인맥 중심의 사회구조를 무시할 수 없기 때문에 분명 자기 입장에서는 억울한 일이 생길 수도 있습니다.

분명한 사실은 자기 스스로가 어떤 분야에서든 최고가 되기 위해 과연 '최선의 노력을 다했는가'에 답해야 한다는 것입니다. 남보다 좀 더 노력했다고 하더라도, 여러 외부 요인들로 인해 부득이하게 저평가될 수도 있습니다. 마냥 억울하다고만 생각하지 말고 결과를 떠나 자신에게는 언제나 떳떳할 수 있도록 스스로의 한계를 넘어서는 노력을 게을리하지 말아야겠습니다.

액체가 끓어서 기체로 승화하려면 임계점(臨界點)을 넘어서야 합니다. 그 임계점에 도달하는 순간 액체는 기체로 변합니다. 하지만 임계온도로 상승할 때까지는 액체도 뜨거운 온도를 참고 무던히 인내합니다. 결국 '임계점에서 화려한 변신'을 시도하는 것이 성공적 변화의 첫 번째 원리입니다. 과연 나 자신의 임계점은 어디일까요? 1만 시간의 법칙을 믿고 꾸준히 자기 분야에서 최선의 노력을 지속해나간다면, 언젠가는 인생 잭팟이 터지지 않을까요? 그 임계점을 넘어서려고 노력하는 과정을 과연 즐기고 있는지 돌아보아야 합니다.

진정한 성공의 원천은 남이 알아봐 준 것에 대해 으쓱해지는 기분이 아니라, 나를 이겨낸 것에 대해 감사하는 마음입니다. 고통스런 그 과정마저 즐기며 감사해할수록 성공적인 인생을 위한 자신의 임계점이 다가오는 것일 수도 있습니다.

자신의 처지를 비관하거나 신세 한탄만 하지 말고 자기가 잘할 수 있고 잘하고 싶은 일에 도전해야 합니다. 꿈을 이루는 사람은 꿈을 꾸는 것으로 끝내지 않고 무던히 노력하며 할 수 있다는 자신감으로 끝까지 포기하지 않았던 사람들입니다.

주변 환경을 탓하며 지금 자신이 갖지 못한 것들에 대한 미련을 가지고 있다면, 그와 더불어 성공적인 삶을 꿈꾼다면, 당장 도전하십시오. 남보다 뛰어난 실력은 하루아침에 쌓이는 것이 아니라, 시련과 고통의 과정을 통해 각고의 노력으로 축적된 결과물임을 항상 명심해야 합니다.

011

오래 버틸수록 얻는 것이 더 많다

군자는 의리에 밝지만, 소인은 이익에 밝다.
군자유어의 소인유어리 君子喩於義 小人喩於利
- 《논어》〈리인〉

"매사를 처리할 때, 군자의 머리에 먼저 떠오르는 것은 자기의 행동이 의리에 맞는가, 맞지 않는가 하는 것이고, 소인이 생각하는 것은 먼저 손해 득실을 따지는 일이다."

응당 사람이라면 누구나 당장 눈앞의 이해타산(利害打算)을 따지지 않을 수가 없습니다. 손해 보는 장사를 할 사람은 아무도 없다는 뜻이지요. 그러나 여기서는 좀 더 포괄적인 의미를 내포하고 있습니다. 매사 어떤 일을 도모할 때 현명한 사람은 당장의 이익보다는 실행하고 난 이후의 상황까지 관망하며 진행한다는 의미입니다.

정확히 바라보는 안목이 필요합니다. 현대사회는 수없이 많은 정보와 지식들이 난무하므로 제대로 된 정보와 지식을 습득하고 그것을 바탕으로 나중에 후회하지 않을 상황을 미리 만들어가야 합니다.

지조와 단호함은 우유부단함을 이길 수 있습니다. 군자는 이치에도 밝지만, 굳은 지조와 단호함이 있어서 늘 그 판단에 흐트러짐이 없습니다. 하지만 우유부단함으로 매번 실행 없는 결심만 하고 사리사욕(私利私慾)에 흔들리면, 섣부른 판단과 결정으로 호기를 놓치기가 쉬운 법이지요.

마키아벨리는 프랑스의 루이 12세가 소문과는 달리 우유부단한 성격의 지도자라는 결론을 내렸습니다. 그는 냉정한 판단력과 단호한 추진력이 부족했기 때문에 이탈리아 전체를 차지할 수 있는 천재일우(千載一遇)의 기회를 놓치고 말았습니다. 당시 프랑스는 강국의 입지를 구축하며 절대 강자의 자리에 있었지만, 루이 12세는 눈앞에서 심각한 갈등과 분쟁이 불거지자, 강자의 덕목인 '단호함'을 멀리하고 당장의 이익을 위해 시간 끌기 전략을 시도하다 큰 실책을 범하게 됩니다. 두 마리 토끼를 다 잡겠다는 허울 좋은 명분과 잘못된 판단력, 욕심과 공포심이 어우러진 우유부단한 성격 탓이었습니다.

여기서 우리가 얻을 수 있는 교훈이 있습니다. '우유부단한 지도자가 가장 무능하다'는 것이지요. 지도자의 잘못된 판단에 따라 나라 전체가 잘못되는 우(愚)를 범할 수 있습니다.

개개인의 능력도 마찬가지입니다. 눈앞의 손실과 이득을 저울질해서 쉽게 결정하거나 우유부단함으로 시간을 끌다가 결국 잘못된 결정을 내렸을 때는 향후에 더 큰 손해를 입게 된다는 것을 상기해야 합니다.

012

한 가지를 깊이 파고들면 길이 보인다

배우기만 하고 제대로 생각하지 않으면 얻는 것이 없다.

학이불사칙망 學而不思則罔

－《논어》〈위정(爲政)〉

"사람은 여러 가지 일을 배우게 되는데 그것을 깊이 생각하여 자기 자신에게 적용해보고, 또한 그때 상황에 맞춰서 생각하는 일이 없다면 배운 것도 어렴풋하고 불안정하여 확실한 윤곽을 잡을 수가 없다. 그러므로 완전히 체득한 학문이 될 수가 없다."

학문함에 있어 완전히 체득해야만 기억에도 오래 남고 뇌리에도 깊이 저장되고 체화되어 일상생활의 지혜로 활용할 수 있습니다.

배움과 익힘에는 반드시 자신의 생각과 고민을 통한 성찰이 수반되어야 온전히 자기 것으로 습득할 수 있습니다.

'선무당이 사람 잡는다'는 옛말이 있습니다. 능력을 제대로 갖추지 못하고 어떤 일에 덤벼들었다가 큰 실수를 저지르게 된다는 뜻입니다. 의술에 서투른 사람이 치료에 나서면 사람을 죽음에 이르게 할 수 있습니다. 자신이 진정 어떤 분야에서든 '전문가'로서 자격을 갖추려면 기초를 다지고 항상 탐구하는 자세로 나아가야 합니다.

완전히 체득한다는 것은 어렴풋이 알면서 근근이 맥만 짚는 수준을 의미하는 것이 결코 아닙니다. 자신의 생각과 성찰을 포함해서 학문적 깊이와 가치를 더하는 작업이 반드시 필요합니다.

학문에 있어서 스스로 경계하는 글을 '자경문(自警文)'이라고 합니다. 사람은 누구나 유혹에 흔들리기도 하고 변화에도 나약한 존재입니다. 스스로를 돌아보지 않으면 굳은 결심도 허울 좋은 변명거리가 될 수 있다는 것이지요.

율곡은 스스로를 경계하고 다그치려 했습니다. 삶에서 반드시 지켜야 할 것들을 정해서 늘 그것을 염두에 두었습니다. 그는 '자경문'에서 "새벽에 일어나 아침에 해야 할 일을 생각하고, 밥을 먹은 후에는 낮에 해야 할 일을 생각하며, 잠자리에서는 내일 해야 할 일을 생각한다. 일은 합당히 처리할 방법을 찾는다. 일을 살피지 않고 글만 읽는다면 쓸모없는 학문이 된다"라고 피력했습니다.

또한 "잠을 자거나 아프지 않으면 눕거나 기대지 않는다. 늘 마음을 깨어 있게 한다. 공부는 늦춰서도 급하게 해서도 안 된다. 공부에 편의와 이익을 탐하지 않는다"라고도 말했습니다.

깨어 있는 공부, 의식이 살아 있는 배움, 성찰이 있는 학문을 해야 합니다. 배움은 평생 해야겠지만 아무 생각 없이 글로만 익히고 깨우침이 없는 학습은 경계해야 합니다.

013

/

완벽하게 준비하기보다 일단 행동하라

지나간 것을 분석하고 파악하여 새로운 것을 알고 얻는다.

온고이지신 溫故而知新
- 《논어》〈위정〉

"무슨 일이든지 과거를 돌이켜보고 그것을 충분히 소화시킨 다음
미래에 대한 새로운 사고와 방법을 찾아내야 한다."

흔히 온고지신(溫故知新)이라고 합니다. 현재는 과거 없이 존재할
수 없지만, 그렇다고 과거에만 집착한다면 새로운 세계가 열리지
않음을 일컫는 말입니다. 과거를 무시하고 오직 새것에만 집착하
는 것은 어쩌면 또 다른 실패를 초래하게 된다는 것을 경고하는 문

구입니다.

작은 실패가 모여 큰 성공을 이루는 법입니다. 사람들은 누구나 미래에는 자신이 꿈꾸는 성공적인 삶을 이뤄나갈 것이라는 희망을 갖고 살아갑니다. 성공으로 가는 인생 항로에서 가장 위험한 생각은 완벽주의자가 되어 이미 지나버린 과거에 집착하는 것입니다. 그러면 현재 완벽하지 못한 자신에 대한 욕구 불만과 미래에 대한 불안감을 갖고 살아가게 됩니다.

완벽주의자가 아닌 경험주의자가 되어 과거 경험들을 바탕으로 삶의 이정표를 구축해나가야 합니다. 영국의 문학평론가 시릴 코널리는 "삶은 몇 번이고 엉뚱한 방향으로 헤매다 겨우 올바른 방향을 찾는 미로와 같다"라고 했습니다. 일어나지 않을 일들에 대한 걱정과 두려움으로 미리 방황할 필요는 없습니다. 그것은 지난 일들에 대한 분석과 성찰이 부족한 탓이기도 합니다.

자신이 원하는 것에 도전하면서 늘 긍정적이고 적극적으로 시도해야 합니다. 그 과정에서 쌓인 실패는 반드시 더 큰 성공의 밑거름이 되고, 더 좋은 기회가 왔을 때 제대로 잡을 수 있는 판단력도 배가되는 법입니다.

스테판 M. 폴란은 《2막》이라는 책에서 '경험주의자의 조언'으로 이렇게 말했습니다.

"우리는 완벽한 기회가 오기를 기다리다 삶을 헛되이 보내는 사람들을 잘 알고 있다. 완벽한 여인을 기다리다 사랑이 모두 지나갔음을 뒤늦게 깨닫는 머리 희끗한 노총각일 수도 있고, 항상 창업할 시기만 찾다가 결국 아무것도 못 하는 야심 많은 직장 동료일 수도 있다." 우리가 일상생활에서도 흔히 겪을 수 있는 이야기들이지요.

아직 오지 않은 미래에 대한 비전은 가슴 뛰는 기대감과 넘치는 의욕을 갖고 도전해야 합니다. 그러나 자신이 과거에 경험한 시행착오에 대한 정확한 원인 규명이 없다면 똑같은 실수와 실패를 거듭할 수 있음을 상기해야 합니다. 미래에 대한 도전은 늘 긍정적이고 적극적으로 시행하되, '완벽주의자보다 경험주의자'가 되어 과거 실패한 경험들을 타산지석(他山之石)으로 삼아 더 큰 성공의 기회로 만들어가야 할 것입니다.

단 한 번밖에 살 수 없다면 인문고전을 읽어라

014

/

세상이 먼저 알아주는 사람의 특징

자신의 일은 정성을 다해 처리하고 늘 믿음 있게 행하라.

경사이신 敬事而信

- 《논어》 〈학이(學而)〉

"어떤 일을 하든지 사람은 자기의 직업을 존중하지 않으면 안 된다. 항상 정성을 다해서 일을 처리하면 사람들은 자연히 당신을 신용하게 되므로 그 신용을 얻을 수 있도록 노력해야 한다. 신용을 얻고 못 얻는 것은 근본적으로 자기 자신의 평소 행동에 달려 있다."

남을 의식하지 않고 자신에게 몰입하여 무슨 일을 하든지 자신의 직업에 대한 전문성과 자부심을 가지라는 의미입니다. "자신에 대한 믿음이 더 큰 세상으로 나아가게 합니다"라는 삼성그룹의 광고 문구가 있습니다. 자신에 대한 믿음과 기본기에 충실해서 보다 입신양명하기를 권고하는 표현이지요.

매사에 타인의 시선이나 간섭만을 의식한 채, 허울 좋은 포장이나 일의 성과에 대한 부담감, 자기 업(業)에 대한 불만족을 드러내기에 급급하지 말아야 합니다. 자기가 하는 일에 대한 만족감과 타인의 눈을 의식하지 않는 자신감, 정성과 열의를 다해 추진하는 열정으로 일을 도모해나가야 합니다.

자신에 대한 믿음과 확신을 가지기 위해서는 첫째, 무슨 일이든 마음먹은 대로 반드시 해낼 수 있다는 자신감을 가져야 합니다. 때론 실수와 실패를 반복하더라도 최종 목적을 반드시 달성한다는 의지로 일을 추진해나간다면 기대한 성과를 거둘 수 있습니다.

둘째, 일에 대한 기본기에 충실해야 합니다. 아무리 하겠다는 의지와 열정이 불타오르더라도 기본 자세와 기술이 부족하다면 자칫 모래로 성을 쌓는 결과를 불러올 수 있음을 명심하고 늘 자신의 분야에서 꼭 필요한 기본기부터 배워나갈 수 있도록 꾸준한 학습이 필요합니다.

단 한 번밖에 살 수 없다면 인문고전을 읽어라

셋째, 남과 비교함으로써 자신의 현재 상황을 평가절하하지 않아야 합니다. 사람은 누구나 그 출발이 다르고 일에 대한 수준과 실력 차이가 있습니다. '뱁새가 황새 따라가면 가랑이가 찢어진다'는 속담이 있습니다. 자신의 능력과 한계를 무시하고 감당할 수 없는 일을 하려고 욕심을 부리다가는 낭패를 보게 된다는 것이지요. 자신의 처지와 분수에 맞게 살라는 의미인데, 여기에는 분명히 짚고 넘어가야 하는 사실이 있습니다. 자신이 뱁새인지 황새인지를 제대로 알고 있느냐 하는 것입니다. 뱁새라면 저만큼 성큼성큼 앞서가는 황새를 부러운 듯 쳐다만 보지 말고 더욱 실력을 키워서 자신도 얼른 황새가 되어 크고 빠른 발로 세상을 활보하면 됩니다.

3가지 방법을 명심하고 실력을 키운다면, 세상이 먼저 나를 알아주고 자신의 가치와 신용 또한 날로 향상될 것입니다.

015

/

다른 사람의 도움을 받으려면 소통이 먼저다

●   ●

사람과 사람 사이의 조화도 귀중한 자산이 된다.

유자왈 예지용 화위귀 有子曰 禮之用 和爲貴

– 《논어》 〈학이〉

●   ●

"무슨 일을 하든지 사람과 사람 사이의 조화가 없으면 이루어지
는 일이 없다. 이 조화야말로 존중해야 할 도리다."

다른 사람들과 조화를 이루지 못하면 결국 대부분의 피해가 자신
에게 돌아올 수 있습니다. 집단이성을 중요하게 생각하는 조직에
서 대다수 사람들의 의견에 동조하지 않거나 자신만 유별나게 다른
생각과 의견만을 고집한다면 스스로 '왕따'를 자초할 수 있습니다.

물론 대세의 흐름을 무조건 따라가는 것만이 옳다고 할 수는 없습니다. 자신의 생각과 의견이 정말 맞다면 대다수를 설득해서라도 관철시킬 수 있는 고집과 용단도 반드시 필요합니다.

굴원(屈原)의 〈어부사(漁父辭)〉에는 민중의 세태에 규합하거나 조화로써 화합하지 않고 꿋꿋이 자신의 의견을 굽히지 않다가 결국 모함으로 떠돌이 신세가 된 이야기가 나옵니다. 굴원은 길에서 만난 어부에게 "온 세상이 모두 흐린데 나만 홀로 깨끗하고, 온 세상 사람들은 모두 취했는데 나만 홀로 깨어 있구나!" 하고 자신의 신세를 한탄했습니다. 그 말을 들은 어부는 "창랑(滄浪)의 물이 맑으면 내 갓끈을 씻고 창랑의 물이 흐리면 내 발을 씻으리라!"고 말하면서 노를 저어 황급히 강으로 나아갑니다. 이때 굴원은 어부의 말에 자신을 돌아보게 되었습니다.

얼핏 이방원의 〈하여가〉와 정몽주의 〈단심가〉와 비슷하지만 여기서 말하는 관점의 요지는 조화로움입니다. 상황에 맞는 대처 능력과 처신의 중요성을 언급하고 있는 것이지요.

사람은 사회적인 동물입니다. 자신이 속한 사회에서 동조의식이나 소속감 없이 나만 잘났다고 하거나 스스로 그 조직을 이탈한다면 분명 그에 상응하는 책임이 따를 것입니다. 자신의 존재 가치만

큼 타인의 존재 가치를 인정하고 소통과 화합을 이루며 함께 나아
가야 합니다.

　진정 사람 간의 조화로움이 기본 도리가 되는 사회구조적 변화가
꼭 필요합니다. 사람과 사람 간의 조화로움을 통해 보다 나은 사회
가 될 수 있습니다.

016

/

행동하기 전에 옳은 일인지를 먼저 생각하라

백성들이 형벌을 면하려고만 하고
나쁜 짓을 부끄러워하지 않는다.

민면이무치 民免而無恥
- 《논어》 〈위정〉

"법률로만 시종일관하는 정치하에서는 세상의 일반적인 도덕 감정이 땅에 떨어진다. 즉, 국민들은 법률에만 저촉되지 않는다면 무슨 일을 해도 된다고 생각하게 된다. 그래서 마침내는 법망을 뚫고 거기에만 걸리지 않는다면 어떤 나쁜 짓을 저질러도 부끄러운 줄 모르는 것이다."

흔히 '양심에 맡긴다'고 표현합니다. 그만큼 현대사회에서 믿음과 신뢰의 중요성을 강조하는 말입니다. 세상에는 법 없이도 잘 사는 대다수의 국민들이 있지만, 교묘히 남의 약점이나 허점을 악용해서 사리사욕을 채우는 이들도 많습니다.

도교에는 "큰길을 계속 가는 데는 많은 어려움이 따른다. 그렇다고 유혹에 못 이겨 다른 길로 접어들면 전망은 그만큼 더 어두워진다"는 말이 있습니다. 고단한 삶은 장애와 시련의 연속이므로 편하다고 해서 선택한 길이 잘못된 길일 수도 있습니다.

'나 하나쯤이야' 하는 생각이 모여 전체 질서를 어지럽히고 정해놓은 규칙들을 혼란스럽게 할 수도 있습니다. 일례로 지자체별로 시민양심문고를 만들어 책을 기증받거나 구입해서 운영했는데, 책이 분실되거나 낙서 등으로 훼손되는 경우가 많아 결국 중단되었다고 합니다.

이처럼 전적으로 시민의 양심에 맡겨 문고를 운영하는 것도 다분히 어려운 일인데, 자신이 저지른 행위가 타인에게 직접적인 피해를 끼치고 손괴까지 발생시킨다면 어떻게 될까요? 응당 그에 따른 피해 보상과 그 책임을 물어야 할 일이지만, 법망을 교묘히 피해가며 옳지 않은 행위에 대한 책임감이나 부끄러움조차 못 느끼는 이들이 많습니다. 준법 행위는 법치국가에서 당연시해야 할 의무이지만, 그 전에 우선적으로 지켜야 할 것이 바로 도덕정신입니다.

'오른손이 하는 일을 왼손이 모르게 하라'고 했습니다. 무언가 좋은 일을 할 때는 다른 사람 모르게, 그리고 내세우기 위해서가 아닌, 마음에서 우러나는 행동을 하라는 뜻입니다. 이런 마인드를 가진 사람들이 많다면 법 없이도 공정한 사회가 될 것이며, 자신보다 남을 먼저 배려하는 사회풍토가 이루어질 것입니다.

잘못된 행위를 저질렀다면 타인이 알기 전에 스스로 먼저 반성하고 부끄러워할 줄 아는 성숙된 문화시민이 되어야 하겠습니다.

017

/

성공한 사람들 옆에 성공한 사람들이 있다

가능한 자기보다 못한 사람을 친구로 삼지 말라.

무우불여기자 無友不如己者

-《논어》〈학이〉

"사람은 흔히 자기보다 못한 사람으로서 자기에게 비위를 맞추는 자를 친구로 삼기 쉽다. 그러나 이것은 자기 향상에는 도움이 되지 않는다. 자기보다 학문과 경험이 뛰어난 사람을 친구로 사귀도록 힘써야 한다."

사람을 정확히 보고 판단하는 능력을 키워서 자신에게도 도움이 되는 사람을 가려 사귀라는 의미입니다. 유유상종(類類相從)이란 '비숫한 사람끼리 친하게 어울린다'는 뜻입니다. 사람은 누구나 동병 상련(同病相憐)과 측은지심(惻隱之心)이 있어서 처지가 서로 비슷하 거나 비슷한 경험을 했다는 이유만으로도 특별한 호감을 느끼며 친해질 수 있습니다.

한편으로는 사람이기에 친구보다 자신이 더 빨리 성공하고 출세 하고픈 욕구를 느낍니다. 비슷한 처지에 있는 친구가 더 빨리 성공 하거나 출세하면, 부러움과 동시에 현실을 인정하기 싫은 마음에 두 사람의 관계가 멀어지기도 합니다.

내가 부족하다면 나보다 나은 친구를 본보기 삼아 배우고 익히기 를 게을리하지 말아야 합니다. 또한 내가 친구보다 뛰어난 면이 있 어 친구의 부러움을 사고 있다면, 자신의 나은 면을 드러내지 않고 상대방의 성장을 도와주는 사람이 진정한 친구입니다.

한번 맺은 인연은 끊기가 쉽지 않을 것입니다. 페이스북, 트위터 등 SNS를 통해 무수히 많은 사람들과 교류하는 상황에서 새로운 사람들과 '좋은 인연 맺기'란 그리 쉬운 일이 아닙니다.

프랑스의 작가 라 로슈푸코는 "적을 만들기를 원한다면 내가 그 들보다 잘났다는 사실을 증명하면 된다. 그러나 친구를 얻고 싶다 면 그가 나보다 뛰어나도록 만들어라"고 했습니다. 상대방의 성장을 위해 도움을 줄 수 있는 사람이 진정한 친구가 될 수 있다는 뜻입니다.

진정한 친구가 되기 위해서는 좋은 정보와 경험을 공유하거나 서로 잘된 점에 대한 칭찬을 아끼지 않으며, 잘못되면 사심 없이 도와주려는 마음이 필요합니다. 미국의 사회과학자이자 시민운동가였던 벤저민 바버는 "나는 세상을 강자와 약자, 성공과 실패로 나누지 않는다. 나는 세상을 배우는 자와 배우지 않는 자로 나눈다"고 피력했습니다.

배우는 자가 강자가 된다는 말입니다. 그리고 서로 돕고 배우는 자가 진정 행복하다는 것입니다. 진정한 의미의 우정도 '사랑과 나눔, 배려'에서 나온다는 것을 기억해야 합니다.

자신보다 똑똑하고 이미 성공한 사람과 사귀는 것도 좋지만 서로에게 배울 점이 많은 친구를 사귀고 좋은 관계를 유지하는 데 더 많은 노력을 기울여야 할 것입니다.

018

/

시대의 변화에 올라타면 성공이 보인다

● ●

그때는 이미 지나간 것이니, 지금 도리를 지켜라.

피일시 차일시야 彼一時 此一時也

－《맹자》〈공손추 하〉

● ●

"그때는 그때이고 지금은 지금이니, 때에 따라 가장 적합한 도리를 지킨다. 이 말을 자칫 잘못 이해하여 변명에 이용하기도 하는데, 맹자의 진의(眞儀)는 시대 상황의 변천에 따라 나아가고 물러나는 도리에 차이가 있음을 가르친 것이다."

현재 처한 상황을 충분히 파악하고 앞으로 나아감이 옳은 것인지, 한 발 뒤로 물러나야 유리한 것인지를 판단하고 실행해야 한다는 의미입니다.

자칫 과거의 불행에 연연하지 않는다거나 이미 지난 것이니 묻어두자는 변명에 가까운 문장으로 해석될 수도 있지만, 과거 경험들을 바탕으로 현재 시점에서 응당 해야 할 도리와 예를 갖추자는 뜻입니다.

인생에서 가장 소중한 날은 '바로 오늘'입니다. 그 오늘 중에서도 가장 소중한 시간은 지금 이 순간입니다. 지난 과거는 현재 시점에 어떠한 영향도 미칠 수 없습니다. 미래 역시 아직 오지 않았기에 어떠한 영향도 미칠 수 없습니다. 자신이 꿈꾸고 바라던 것을 이루기 위해서는 현재 이 시간들을 가치 있는 노력으로 채워나가야 합니다.

벤저민 프랭클린은 "뜻한 일에 한눈팔지 말고 묵묵히 나아가야 한다. 평범한 방법이지만 이것이 성공을 가져다준다"고 이야기했습니다. 또한 성공 컨설턴트 지그 지글러는 "행동가가 되어라. 목표를 설정하고도 행동하지 않으면 당신의 목표는 이루어지지 않는다. 가만히 있지 말고 행동하라. 항상 진보적인 사람이 되어라"고 강조했습니다.

'박복한 처지'에서 출발했던 마키아벨리가 어떻게 피렌체의 고위

공직자로 급부상할 수 있었을까요? 《로마사 논고》에서 마키아벨리는 "사람이 박복한 처지에서 높은 신분이 되는 데 있어서, 부모로부터 물려받은 지위를 갖고 있지 않는 한, 실력 내지 책략을 쓰지 않고 출세하는 경우는 매우 드물다"고 회고하고 있습니다. 계급사회에서 미천한 신분으로 출세하기란 '하늘의 별 따기'만큼 힘들다는 의미입니다. 하지만 그는 자신의 처지를 비관하지 않고 최대한 실력을 갖추고 강력한 후원자를 찾아 자신의 능력을 발휘할 기회를 얻었습니다. 권모술수(權謀術數)가 아닌, 일종의 성공 전략을 적절히 도모했던 것입니다.

가만히 앉아서 성공을 이룬 사람은 없습니다. 스스로 세워놓은 목표 달성을 위해 부단한 노력과 열정으로 하루하루를 열심히 살았기에 성공할 수 있었습니다. 과거와 현재, 미래가 이어져 있음을 알고 지난 과거를 거울삼아 현재 자신의 가치를 최대한 올리기 위해 노력했습니다. 그리고 결국 미래를 자신이 원하는 방향으로 끌어당겼습니다.

019

/

내 삶의 주인공으로 살아가는 법

자신 말고 믿고 기대는 것이 있어서는 안 된다.

불가이유협야 不可以有挾也
- 《맹자》 〈만장 하〉

"친구를 사귀는 도리는 부귀나 권세, 재능 등을 믿고 그것을 친구 관계에 끼워 넣어서는 결코 성립될 수 없다."

시시각각 변하는 삶에서 늘 적자생존(適者生存)의 이치를 절실히 깨닫게 됩니다. 이런 상황에서 누군가에게 의지하고 싶은 것은 인지상정(人之常情)인지도 모릅니다. 사람은 편할수록 더욱더 편해지려는 본능을 가지고 있습니다. 타인에 대한 의존도가 커질수록 자신의 독립은 점점 멀어진다는 것입니다.

옥스퍼드 대학교 졸업생들은 '온 세상이 내 것이다!'라며 자신의 존재 가치와 세상을 향한 무한 도전 의지를 보였습니다. 반면 케임브리지 대학교 졸업생들은 '세상이 누구의 것이냐는 나에게 중요하지 않다!'며 온전히 관점을 자신에게 맞췄습니다.

언뜻 정반대로 보이지만 둘 다 세상으로 나아가기에 앞서 자신을 믿고 자기 의지대로 살아가는 삶을 표명했습니다. 거친 세상살이에서 온전히 자신을 믿고 자기 생각대로 실행하는 것만큼 가치 있는 것이 또 어디 있을까요?

스티븐 코비는 《성공하는 사람들의 7가지 습관》에서 첫 번째 습관으로 '자신의 삶을 주도하라'고 얘기합니다. "우선 자기 자신에게서 떠나보라. 그리고 자신의 모습을 내려다보며 투사해보도록 노력하라. 마치 다른 사람을 보듯이 자기 자신을 바라볼 수 있는가?"라는 질문을 던집니다. 주도적인 삶을 사는 이들은 항상 긍정적이고 자신감이 넘칩니다.

헨리 데이비드 소로 역시 "주도적인 노력으로 스스로의 인생을 향상시키는 인간의 불가사의한 능력보다 더욱 고무적인 것은 없다!"라고 말했습니다. 개인의 비전은 스스로를 돕는 노력을 게을리하지 않을 때 비로소 그 가치가 더욱 빛나는 것이겠지요. 반드시 '하면 된다'는 믿음과 확신을 갖고 주도적으로 실천하는 것이 무엇보다 필요합니다.

의존적 삶에는 반드시 그에 상응하는 대가가 따르는 법입니다. 남들이 이룩한 부귀와 권세, 능력을 부러워하기보다는 스스로를 믿고 자기 인생에서 진정한 주인공으로 거듭나기 위해 부단히 노력해야 할 것입니다.

단 한 번밖에 살 수 없다면 인문고전을 읽어라

020

/

강한 것에 맞설 수 있어야 강자가 된다

입에 부드러우면 삼키고, 딱딱하면 뱉는다.

인역유언 유칙여지 강칙토지 人亦有言 柔則茹之 剛則吐之

─《시경》〈대아 증민(大雅烝民)〉

"채소 같은 부드러운 것은 먹고 딱딱한 것은 뱉는다. 약한 사람은 압박하고, 강한 사람은 두려워서 피한다. 이것이 일반적인 인간의 감정이라고 사람들은 말한다. 그러나 책임을 져야 하는 지위에 있는 사람이 취할 태도는 아니다."

《장자(莊子)》〈응제왕(應帝王)〉에 "새는 날아서 피하고, 생쥐는 구멍 파서 피한다"라는 말이 나옵니다. 위험에 봉착했을 때 저마다 살아가는 방법이 다르다는 것이지요. 제각기 '자신이 처한 상황에 맞는 이치에 따르는 것'입니다.

우리도 자신만의 재주를 갖고 태어났습니다. 자신이 가진 장점을 극대화해서 오롯이 자신이 추구하는 삶을 제대로 살아가면 됩니다. 자신의 상황에 맞게 살면서 타인에게 피해를 주지 않는다면 더 이상 바랄 나위 없습니다.

진정한 강자라면 약한 자들을 압박해서 이득을 취하거나 자신의 욕심을 채우지는 않습니다. 아무리 약자에게 우월감을 느끼며, 강자에게는 몸을 사리는 것이 인간이라 하더라도 더욱 약한 자들을 보호하고 돌볼 수 있는 마음의 여유를 가져야 합니다.

대인관계에서 가장 필요한 자세는 역지사지(易地思之)입니다. 남에게 대접받고 싶다면 내가 먼저 남을 대접하고 귀하게 여겨야 합니다. 선한 영향력으로 세상을 아름답게 만들기 위한 마음 자세는 누구나 가져야 할 덕목입니다.

간혹 내가 베푼 배려가 상대를 힘들게 하는 경우가 있습니다. 그것은 상대방의 입장이 아닌, 내 입장에서만 생각하고 행동했기 때문입니다. 그래서 상대를 배려하기 전에 '내가 그 사람 입장이라면 어떻게 생각하고 받아들일까?'를 생각해야 합니다.

영국의 소설가이자 비평가 올더스 헉슬리는 "세상에서 당신이 확실하게 개선할 수 있는 것은 하나밖에 없다. 그것은 바로 당신 자신이다!"라고 말했습니다. 사람들은 누구나 자존심에 상처를 입거나 감정을 다치면 배신감과 더불어 꼭 되갚아주겠다는 일종의 복수심이 생겨날 수 있습니다. 어제의 약자가 언제까지나 약자로만 존재하지는 않습니다.

021

/

뒤를 돌아보지 말고 앞을 보며 나아가라

●   ●

이미 지난 과거의 일이므로 따지지 않겠다.

기왕불구 既往不咎
-《논어》〈팔일(八佾)〉

●   ●

"그 사람이 과거에 어떤 잘못을 했을지라도 그것을 언제까지나 책망하는 것은 옳지 않다. 이미 그렇게 되어버린 것을 이러쿵저러쿵 말하지 마라. 이미 끝난 일을 이렇게 했으면 좋았을 것이라고 말하지 마라. 타인뿐만 아니라 자신의 과거에 너무 집착하는 것도 결코 이익이 될 것은 없다."

가장 어리석은 삶은 과거에 붙들려 사는 것입니다. 이 세상에 완벽한 사람은 없습니다. 단지 과거의 실수와 실패에 연연하지 않고 현재에 충실하며 원하는 미래를 만들기 위해 노력한다면 누구나 성공에 이를 수 있습니다.

《명심보감(明心寶鑑)》에서는 남을 꾸짖는 엄격한 마음을 '책인지심(責人之心)'이라 하고, 자신의 잘못을 관대하게 용서하는 마음을 '서기지심(恕己之心)'이라고 했습니다. 사람들은 남의 잘못을 찾아내고 단죄하는 것에는 엄격하지만 자신의 잘못에는 관대합니다. '나를 용서하는 관대한 마음으로 남의 잘못을 용서하고 남을 꾸짖는 엄격한 마음으로 자신을 꾸짖으라'는 말입니다. 아무리 어리석은 사람이라도 남을 꾸짖는 데는 명확하고, 아무리 총명한 사람도 자신을 용서하는 데는 어둡고 혼미하다는 뜻입니다. 남을 꾸짖는 그 명확한 마음으로 나를 꾸짖고 나를 용서하는 그 관대한 마음으로 남을 용서한다면, 모두 다 성인의 경지에 이를 것입니다.

가능한 칭찬을 듣고 싶고, 잘못이 있으면 남 탓을 하고 싶은 것이 인지상정인지도 모릅니다. 하지만 그러한 생각 자체가 관계 회복에는 절대적으로 부정적인 영향을 끼치는 것입니다.

'인간만사(人間萬事) 새옹지마(塞翁之馬)'란 말이 있습니다. 새옹이 기르던 말 때문에 길흉과 화복이 반복되었다는 이야기에서 유래한 말로, '인간의 길흉화복은 예측할 수 없다'는 뜻입니다. 좋은 일이든 나쁜 일이든 눈앞에서 벌어지는 결과에 너무 연연해하지 말아야 할 것입니다.

'ET할아버지'라는 별명으로 유명한 재야 교육자 채규철 선생님께서 생전에 하신 말씀이 있습니다. "우리가 살아가는 데에는 'F'가 2개 필요하다. 바로 'Forget(잊어버려라)'과 'Forgive(용서해라)'이다." 완전무결한 인간은 없으니, 과거의 불행은 되도록 잊고 다른 사람의 잘못과 악행조차 자기 부덕(不德)의 소치로 알고 상대를 용서하라는 말입니다.

인생에서 가장 중요한 것은 바로 현재입니다. 과거의 불찰로 빚어진 불행이 있다면 누구의 탓이든 그로 인해 현재마저도 불행하게 몰고 가는 일이 없도록 스스로의 마음을 다져야 하겠습니다.

단 한 번밖에 살 수 없다면 인문고전을 읽어라

022

/

나보다 어린 사람들에게 배울 것이 더 많다

●   ●

**자기보다 아랫사람에게
모르는 걸 묻는 것을 부끄러워하지 않는다.**

불치하문 不恥下問
–《논어》〈공야장(公冶長)〉

●   ●

"자기보다 손아랫사람이나 지위가 낮은 사람에게 모르는 것을
묻고 가르침을 받는 것을 수치로 생각하지 않는다."

자공이 "공문자(孔文子)는 왜 '문(文)' 자를 넣은 것입니까?"라고 묻
자 공자가 말했습니다. "그는 명민하면서도 배우기를 좋아하고 아
랫사람에게 묻는 것을 부끄러워하지 않았다. 그래서 문(文)이라고

한 것이다." 모르는 것은 부끄러워할 일이 아니지만, 모르면서도 아는 척하는 것은 어리석은 행동입니다.

지금 당장 모른다고 해서 잘못되었거나 부끄러워할 일은 결코 아닙니다. 그러나 어리석은 사람들은 쓸데없는 자존심을 내세우며, 자신이 모른다는 사실을 숨긴 채 소통하지 않는 경향이 있습니다. 앎에는 늦고 빠름에 큰 의미가 없습니다. 먼저 알았다고 해서 우쭐해할 필요도 없고 늦게 알았다고 해서 부끄러워할 필요 없습니다.

중요한 것은 모르는 것을 알고자 하는 본인의 의지입니다. 현대 사회는 '불통사회'라고 할 만큼 서로를 불신하며 서로 간의 알력과 세력 다툼, 자존심 싸움이 빈번하게 일어납니다. 자신이 먼저 상대방에게 다가가 소통 의지를 보여주는 것도 좋은 본보기가 될 것입니다.

《주역(周易)》에는 '궁즉변 변즉통 통즉구(窮則變 變則通 通則久)'라는 말이 나옵니다. '궁하면 변하고, 변하면 통하고, 통하면 오래간다'는 의미입니다. '궁(窮)'은 부족하기에 정성으로 갈구하는 것이고, '변(變)'은 마음의 문을 여는 유연성을 의미하며, '통(通)'은 그로 인해 문제없이 잘 통하는 것입니다. 또한 '구(久)'는 그 생명력을 지속시키는 힘을 말합니다.

모르는 것을 알고자 하는 '궁'한 마음이 생긴다면, 그 즉시 마음의 문을 열어 설령 나보다 어리거나 직급이 낮은 직원이라도 직접 다가가서 배우고 익히고자 노력해야 합니다. 그것이 진정한 의미의 배움이자 진심 어린 소통입니다.

배움에서 지켜야 할 3가지 조언이 있습니다. 첫째는 '쓸데없는 자존심을 버리는 것'입니다. 둘째는 '조금 아는 것을 다 알고 있는 듯 부풀리지 말라는 것'입니다. 셋째는 '자신이 아는 것은 공유하고 소통하라는 것'입니다.

상부상조(相扶相助)하는 마음으로 내가 아는 정보나 지식을 필요로 하는 이들에게 적극적으로 알려주고 가르쳐줄 때, 진정 자신도 배울 수 있습니다.

지금은 '평생 공부'의 시대입니다. 독학에는 한계가 있음을 알고 자신이 갖고 있는 인적자원을 최대한 활용하는 것도 실력이며, 기억에도 오래 남을 수 있습니다.

023

현재의 한계를 넘어서야
다음 단계로 올라선다

우물 안 개구리에게 바다를 설명할 수 없다.

정저지와 井底之蛙

– 《장자》 〈추수(秋水)〉

"황하(黃河)의 신 하백(河伯)이 물을 따라 처음으로 바다까지 와 보았다. 끝없이 뻗어 있는 동쪽 바다를 바라보며 북해(北海)의 신인 약(若)에게 말했다. '나는 지금까지 이 세상에서 황하가 가장 넓은 줄 알고 있었는데, 지금 이 바다를 보고서야 넓은 것 위에 더 넓은 것이 있다는 것을 깨달았소. 내가 여기를 와보지 않았던들 영영 식자(識者)들의 웃음거리가 될 뻔했소.' 그러자 북해의 신이 말했다. '우물 안 개구리에게 바다에 대해 말할 수 없는 것은 그들이 사는 곳에만 사로잡혀 있기 때문이다. 여름벌레는 여름철만을 굳게 믿는다. 식견이 없는 선비에게 도를 말할 수 없는 것은, 그들이 배운 상식에만 묶여 있기 때문이다. 그런데 그대는 나와 큰 바다를 구경하고 자기의 부족함을 알았으니, 함께 진리를 말할 수 있을 것 같다'고 답했다."

우물 안에 갇힌 개구리가 올려다볼 수 있는 것은 동그란 하늘밖에 없으므로 앎에도 한계가 있다는 뜻입니다. 우물 안 개구리에게 아무리 바다를 설명한들, 광활하고 수많은 생태계를 가진 바닷속 진실을 도무지 이해할 수 없다는 것이지요.

장자는 3가지 집착과 한계를 파괴하라고 충고합니다. 첫째는 자신이 속해 있는 '공간을 파괴하는 것'이며, 둘째는 자신이 살아가는 '시간을 파괴하는 것'이며, 셋째는 자신이 알고 있는 '지식을 파괴하는 것'입니다. 자신을 둘러싸고 있는 이 공간과 주어진 시간, 그리고 현재 자신이 알고 있는 지식의 틀을 넘어서야 한 단계 나은 삶으로 도약할 수 있습니다.

오프라 윈프리는 "자신이 누구인지, 또 자신이 할 수 있는 일과 할 수 없는 일이 무엇인지 알아야만 최선의 능력을 발휘할 수 있다. 할 수 없는 일에 발목을 잡혀서 더 높이 날아가지 못하는 상황이라면, 그 할 수 없는 일이 무엇인지 파악하라. 그것이 할 수 있는 일을 아는 것보다 훨씬 더 중요하다"고 말했습니다.

어제와 오늘이 별반 다르지 않게 살아가는 보통 사람들의 모습이 어쩌면 우물 안 개구리와 같을지도 모릅니다. 어떠한 노력이나 시도를 해보지 않고 미리 자신의 한계를 긋는 것만큼 어리석은 일은 없습니다. 진정 자신이 좋아하는 일, 진짜 잘할 수 있는 일을 찾아서 무조건 다시 시작할 수 있는 용기와 도전 정신이 필요합니다.

부커 T. 워싱턴은 "성공은 그 사람이 현재 오른 위치로 평가되는 것이 아니라, 성공을 위해 노력하는 동안 얼마나 많은 장애물을 극복했는가로 평가된다"라고 말했습니다. 인생의 쓴맛과 고행을 이겨낸 사람이 훨씬 지혜롭고 성공적으로 살아갑니다. 현재 무사안일한 삶을 살아가고 있다면, 자신이 만들어놓은 우물에서 하시라도 빨리 뛰쳐나와 더 넓은 세상으로 도약해야 합니다. 현재 자신의 삶에 만족하며 살고 있다면 우물 안 개구리와도 같은 삶은 아닌지 반성해봐야 합니다.

024

최고의 결정력은 타이밍에서 온다

두 번 생각하는 것만으로도 충분하다.

재사가야 再斯可也

- 《논어》〈공야장〉

"최초의 생각만으로 행동한다면 실수하기 쉽다. 그러나 너무 지나치게 생각하는 것도 판단력과 실천력을 둔화시킨다. 그러므로 두 번쯤 생각하면 충분할 것이다."

중국 춘추시대 노나라의 영향력 있는 인물이었던 계문자는 "불의의 일에 미리 준비한다는 것은 예로부터의 좋은 가르침이다. 일에 당해서 그 일에 대한 조치를 하려다 수를 얻지 못한다면 그것은 실로 난감한 일이다. 과외로 준비하는 것이 무슨 해가 되겠느냐?"고 말할 정도로 매우 조심스럽고 신중한 사람이었습니다.

이에 《논어》〈공야장〉 제19장에서 공자는 계문자에게 이렇게 이야기했습니다. "재사가야(再斯可也), 즉 두 번이면 충분하다." 신중하게 생각하고 판단해야 하지만 실천하는 것이 더 중요하다는 의미입니다. 생각이 많아질수록 실행력은 둔화될 수밖에 없습니다.

어떠한 일을 추진함에 있어서 별 고민이나 생각 없이 곧바로 실행에 옮기는 사람이 있는 반면 고민만 하다 때를 놓치는 사람들도 있습니다. 후회하지 않기 위해 고민을 거듭하다 보면 오히려 결정을 내리기 더 어려운 상황에 봉착하게 됩니다.

햄릿 증후군으로 불리는 결정 장애는 선택의 기회가 많을수록 오히려 결정하지 못하는 것을 말합니다. 바라는 것을 얻기 위해 우리 모두 최선을 다해 생각합니다. 아무도 자신을 망치기 위해 심사숙고하는 사람은 없을 것입니다. 일이 잘 풀리지 않거나 계획대로 되지 않으면 자신의 생각이 부족했다고 자책하는 일을 경계해야 할 것입니다. 충분히 생각했다면 과오를 피할 수도 있었을 것이라고 믿는 마음이 되레 실행력과 추진력을 떨어뜨릴 수도 있습니다.

과도한 정보의 홍수 속에서 자신도 모르게 우유부단하고 꼼꼼한

단 한 번밖에 살 수 없다면 인문고전을 읽어라

성향이 일상적인 수준을 넘어서 결정 장애와 같은 심각한 수준에 이를 수도 있다는 사실을 스스로가 먼저 인지해야 할 것입니다. 지나친 생각과 고민은 오히려 실행력과 추진력을 떨어뜨려 자신감마저 잃을 수 있습니다.

025

/

성공할 때까지 실수하라

화를 남에게 옮기지 않고
같은 실수는 두 번 되풀이하지 않는다.

불천노 불이과 不遷怒 不貳過

－《논어》〈옹야(雍也)〉

"화가 치밀어도 그것을 가슴에 새기고 그 분노를 남이나 다른 일
에 옮기지 않는다. 실수는 두 번 다시 되풀이하지 않는다."

젊은 나이에 세상을 떠난 제자 안회를 칭찬한 공자의 말입니다.
안회는 학문을 몹시 좋아하는 젊은 제자 중 한 명이었지만 불운하
게도 단명(短命)했습니다.

사람이 가진 수많은 감정 중에 자신에게 가장 독이 되고 남에게 피해를 줄 수 있는 감정은 바로 분노입니다. 사람들은 '화(火)'를 잘 다스리지 못하는 경향이 많습니다. 화는 부정적인 감정의 표출이기에 대화의 단절을 불러일으킵니다.

화를 표출하는 방식에는 크게 2가지가 있습니다. 첫째, 타인에게 말로써 상처를 주거나 폭행하는 등 공격적인 방식입니다. 둘째, 아예 입을 닫아버리는 것입니다. 응당 분노를 표출해야 할 때 무조건 화를 참는 것이 능사가 아닐 수도 있습니다. 상황에 따라 화가 반드시 부정적인 영향만 주는 것은 아닙니다. 무작정 화를 내거나 참기보다 화를 잘 다룰 줄 아는 사람이 현명합니다.

원래 화는 생존 본능과도 직결된 감정입니다. 자신이 부당한 대우를 받는다거나 억울한 일을 당했을 때, 또는 위협이나 피해를 방어할 수 있는 '감정 반응'이기도 합니다. 예부터 '인의예지신(仁義禮智信)'이라고 하여 사람이 항상 갖추어야 하는 5가지 도리로서 어질고, 의롭고, 예의 있고, 지혜로우며, 믿음이 있어야 함을 오상(五常)으로 강조해왔습니다. 5가지 도리를 잘 이행해나간다면 분노는 스스로 조절할 수 있을 것입니다.

스티븐 코비는 "실수에 대한 주도적인 해결 방법은 실수를 즉시 인정하고 수정해서 그로부터 교훈을 얻는 것이다. 이렇게 하면 실패를 성공으로 바꿀 수 있다"라며 '성공은 실패의 다른 한편에 있다'고 말한 IBM의 창립자 토머스 왓슨의 말을 인용했습니다. 실수를 인정하지 않고 그것을 개선하거나 교훈조차 얻으려고 하지 않는 데에서 또 하나의 더 큰 실수가 생기는 법입니다. 이런 경우 자기기만과 자기 정당화를 위해 변명과 궤변을 늘어놓기 쉽습니다. 그 과정에서 자신의 입장을 분노로 표출하는 것입니다.

문제는 '실수에 어떻게 대처하는가에 대한 자신의 마음가짐과 태도'입니다. 실수를 즉시 인정하고 반복되지 않도록 고쳐나간다면 실수를 통해서도 더 좋은 결과를 얻을 수 있습니다. 이건희 회장의 어록 중에 "힘들어도 웃어라. 절대자도 웃는 사람을 좋아한다"는 말이 있습니다. 실수 자체를 두려워하지 않고 되레 실수를 통해 한 단계씩 자신을 발전시켜나가는 긍정적 마인드를 가진다면, 누구나 성공의 길에 서서 활짝 웃을 수 있을 것입니다.

단 한 번밖에 살 수 없다면 인문고전을 읽어라

人文古典

PART 02

성공의
추월차선으로
변경하라

人文古典

026
/
나는 뭐든지 할 수 있다는 믿음

스스로의 한계를 긋고 있다.

여획 女畫

– 《논어》 〈옹야〉

"너는 해보지도 않고 자기를 단념하고 있다. 그래야 되겠는가."

대부분의 사람들은 자신의 능력에 한계가 있다고 생각합니다. 또한 사람마다 부여받은 재능이 달라서 누구나 자신이 잘할 수 있는 일을 최소한 하나씩은 가지고 태어납니다. 그렇기에 자신의 소질과 재능에 맞는 분야에서는 충분히 두각을 나타낼 수 있습니다. 그러나 대부분의 사람들은 제대로 도전해보지 않고 포기하는 경우가 허다합니다. '일등만 기억하는 사회'에서 최고가 아니면 아예 할 필요 없다는 생각으로 단념하는 사람들도 있습니다.

인생은 절대 해보기 전에는 아무도 모릅니다. 수많은 실패를 거듭하더라도 그 과정에서 성공으로 가는 길에 점점 더 가까이 다가가고 있는 것입니다.

원하는 것을 이루기 위해서는 무조건 실행에 옮겨야 합니다. 도전을 통해 진정한 성공의 가치를 스스로 찾아낼 수 있습니다. 자신의 삶은 자신이 갖고 있는 생각과 의지에 따라 결정되는 것입니다.

어떤 일을 하기 위해서는 출사표(出師表)를 던질 필요도 있습니다. 출사표란 '군대를 일으키며 임금에게 올리는 글'이라는 뜻으로서 중국 삼국시대 촉한(蜀漢)의 재상 제갈량이 위(魏)나라를 토벌하러 떠날 때 쓴 글입니다. 오늘날 출사표를 던진다는 것은 목표 달성 의지를 갖고 반드시 실행에 옮기겠다는 자신과의 다짐을 의미합니다. 도전 없는 인생은 어쩌면 무의미한, 죽은 인생과도 같은 것입니다.

레슬링 전미 챔피언이었던 록키 아오키는 자신의 성공 비결과 인생관을 이렇게 말했습니다. "먼저 큰 꿈을 가질 것, 꿈을 실현하기 위한 수단을 철저히 생각할 것, 수단이 결정되면 죽을 각오로 실행할 것. 잊지 마라. 인생은 죽을 때까지 도전의 연속이다."

월트 디즈니는 어린 시절 많이 힘들고 어려웠을 때도 결코 꿈과 희망을 포기하지 않았습니다. "꿈꾸는 것이 가능하면 그 꿈을 실현하는 것도 가능하다. 이 모든 것이 작은 생쥐 하나로 시작되었다는 것을 기억하라. 우리의 모든 꿈은 이루어질 것이다."

그리고 자신의 가치를 스스로 믿어야 합니다. "믿음이 부족하기 때문에 도전하길 두려워하는 바, 나는 스스로를 믿는다"라고 말했던 무하마드 알리처럼 스스로를 믿고 계속 도전해나가야 합니다.

027

/

진정성은 최고의 무기가 될 수 있다

한 사람의 손으로는 천하의 눈을 가릴 수 없는 법이다.

난장일인수 엄득천하목 難將一人手 掩得天下目

－《고문진보》〈이업(李鄴) '독이사전(讀李斯傳)'〉

"단지 한 사람의 손으로는 천하의 모든 사람의 눈을 가릴 수 없다. 한번 세상에 드러난 나쁜 일은 아무리 감추려고 애써도 감춰지지 않는다. 즉, 한두 사람은 속일 수 있어도 온 세상 사람들을 속일 수는 없다."

사람이 가진 습성 중 당장 버려야 하는 것이 있다면 바로 '기만'과 '교만'입니다. 《잠언집(箴言集)》에 "교만은 패망의 선봉이요, 거만은 넘어짐의 앞잡이니라"는 말이 있습니다.

동서고금을 막론하고 많은 고전과 경전에서 이러한 겸손과 기만하지 않는 자기 처신에 대한 가르침을 전하고 있습니다. 자신의 감정을 잘 통제하고 타인에 대한 배려와 포용, 그리고 늘 자타를 기만하지 않는 인생을 살아가라는 뜻입니다.

자신이 저지른 나쁜 행위를 감춘다고 해서 무마되거나 한두 명을 속였다고 해서 모든 사람들을 속일 수는 없습니다. 사람은 자신이 한 말과 행동에 대한 책임을 져야 합니다. 무책임한 사람일수록 핑계와 구실로 자신의 과실을 인정하지 않고 빠져나가려는 습성이 있는데, 이는 결국 자신의 패망을 몰고 오는 행위입니다.

허장성세(虛張聲勢)라는 말이 있습니다. '비어 있고 과장된 형세로 소리를 낸다'는 뜻으로 실력이 없으면서 허세 부리는 것을 이르는 사자성어입니다.

말과 행동이 다른 것을 뜻하는 모순(矛盾)은 전국시대 초나라에 창과 방패를 파는 상인에게서 유래했습니다. "이 창은 어떤 방패라도 뚫을 만큼 날카롭다. 그리고 이 방패는 너무나 견고해서 어떤 창이나 칼로도 뚫을 수가 없다." 그가 장터에서 떠벌리는 소리를 듣고 구경꾼 한 명이 물었습니다. "그 창으로 그 방패를 찌르면 어떻게 되는가?" 상인은 대답하지 못했고, 여기에서 '모순'이라는 말이 생겨났습니다.

이처럼 앞뒤 없는 허세나 과장은 결국 모순을 일으킵니다. 진실을 왜곡할 수는 없으며, 거짓은 결코 숨긴다고 해서 감춰지거나 남들 모르게 속일 수 없음을 알아야 할 것입니다.

028

/

성공한 사람들은 시간을 돈으로 만든다

제때에 맞춰 강을 건너가지 않으면
배에 실린 물건은 부패하고 말 것이다.

불제 취궐재 弗濟 臭厥載
-《서경》〈반경 상(盤庚上)〉

"건너야 할 때에 그 강을 건너지 않는다면 모처럼 배에 실은 물건
들도 썩고 말 것이다. 해야 할 때에 일을 하지 않으면 자기의 책임
을 완수할 수 없다."

인생은 타이밍입니다. 모든 일에는 때가 있습니다. 그 시기를 놓
치면 반드시 후회와 미련이 따릅니다. 먹는 음식을 창고에 넣어둔

채 유효기간이 지나면 반드시 썩게 마련인 것처럼 말입니다. 개인의 가치를 극대화하기 위해서는 자신의 역량을 강화할 때까지 기다려야 하지만, 긴박한 일이나 중요한 일을 제때 해내는 것도 중요합니다.

《명심보감》에는 "한 자 크기의 구슬이 보배가 아니니, 한 치의 시간이야말로 아낄 일이다[尺璧是寶 寸陰是競]"라는 말이 나옵니다. 지금 무엇을 가지고 있느냐가 아니라, 지금 가지고 있는 시간을 어떻게 활용하느냐에 따라 결과가 달라질 수 있다는 의미입니다. 시간의 중요성은 아무리 강조해도 지나치지 않고, 누구에게나 공평한 시간을 어떻게 활용하느냐에 따라 성패가 좌우됩니다.

에디슨은 "천재란 노력을 계속할 수 있는 재능을 가진 사람이다"라고 말했습니다. '끊임없는 도전과 노력을 통해 생겨나는 부산물이 바로 성공'입니다. 영국의 극작가이자 소설가 버나드 쇼는 자신의 묘비명에 '우물쭈물하다 내 이럴 줄 알았다'는 말을 써서 시간의 소중함을 강조하기도 했습니다.

자강불식(自强不息)이라는 사자성어가 있습니다. 오직 '최선을 다해 힘쓰고 가다듬어 쉬지 아니하며, 수양에 힘을 기울여 게을리하지 않는다'는 뜻입니다. 스스로 힘들여 노력하면서 끝까지 멈추지 않고 시도할 때 계획한 바를 이룰 수 있음을 알고 늘 정진하는 마음 자세를 잃지 않아야 할 것입니다. 인생은 그에 맞는 때가 있습니다. 무엇을 이루기 위해 어떠한 노력을 꾸준히 해나가야 할 것인지 자문자답하는 시간을 가져볼 때입니다.

단 한 번밖에 살 수 없다면 인문고전을 읽어라

029

부족함은 최상의 동기부여가 된다

지금 가난할지라도 적극적인 인생으로 즐거워한다.

빈이락 貧而樂
– 《논어》 〈학이〉

"가난할지라도 성급해할 필요 없다. 확고한 목적을 가지고 소신
껏 살 것이며, 취미를 즐기고 수양을 쌓는 일에 힘쓴다면 거기에
서 자연히 적극적인 인생의 즐거움이 생긴다."

성공한 인생을 살아가는 사람들 중에는 오히려 가난 때문에 부자
가 되었거나 유명인이 되어 사람들의 동경과 주목을 한 몸에 받는
사람들이 많습니다. 가난했기에 더 이를 악물고 악착같이 노력해

서 자신의 인생을 새롭게 탈바꿈시켰던 것입니다.

세계적인 축구 스타 펠레 또한 조상대대로 이어져 온 가난의 굴레를 벗어나기 위해 오로지 자신이 좋아하면서도 잘할 수 있는 축구에 전념하였습니다. 공을 살 돈조차 없어서 헌 양말을 뭉쳐 축구공으로 대신해야 했을 정도로 가난하게 살았습니다. 하지만 축구만이 유일한 희망이었기에 양말공을 차면서도 그는 행복했습니다. 그는 구두 닦기, 파이 팔기, 잡역부 등 어린 시절부터 온갖 잡일을 마다하지 않으면서도 축구에 전념해서 '축구 황제'라는 칭호를 얻게 되었습니다.

현재의 가난이 영원히 지속될 것 같은 고통이나 두려움에 빠져 있는 사람에게는 희망이 보이지 않습니다. 가난 또한 사람이 인생을 사는 동안 수없이 겪는 난관 중 하나이며, 반드시 극복해야 하는 대상에 불과합니다. 삶의 수많은 우여곡절을 잘 견디고 이겨내는 과정에서 본인의 의지는 점점 더 강해지고 성공 가능성은 더 높아집니다.

현재의 가난은 앞으로 얼마든지 극복할 수 있습니다. 단지 중도에 자포자기하면 가난의 틀에서 빠져나오기 쉽지 않습니다. 문제는 스스로 해낼 수 있다는 자신감과 강한 의지력입니다. 어쩌면 '가난해서 못 한다는 것은 핑계인지도 모릅니다. 존경받는 사람들 중에 과연 돈으로 성공한 사람들이 얼마나 있을까요? 펠레의 말처럼 '가난이 자신의 인생을 지배하도록 용납해서는 안 될 것'입니다.

인도의 유명한 소설가 이드리스 샤흐는 "당신을 곤경에 빠뜨린 바로 그것이 또한 당신을 곤경에서 구해주는 열쇠가 될 수도 있다. 박힌 가시는 가시로 빼내고 땅으로 넘어진 자는 땅을 짚고 일어서기 때문이다"라며 난관을 극복하기 위한 의지를 강조했습니다. 뭐든지 실행하지 않고서는 아무런 성과를 거둘 수 없습니다. 현실이 아무리 힘들고 고통스럽다 하더라도 마음속에 품은 확고한 꿈과 목표 의식이 있다면 반드시 성공할 수 있습니다.

《탈무드》에서 말하기를 승자가 즐겨 쓰는 말은 "다시 한 번 해보자!"이고, 패자가 즐겨 쓰는 말은 "해봐야 별수 없다!"입니다. 지금 겪는 가난과 불행을 타산지석(他山之石)으로 삼아 스스로를 단련시키고 일상을 즐거움으로 채워나가야 합니다. 이때 비로소 당신은 인생의 승자로 거듭날 수 있습니다.

030

관점을 조금만 바꾸면 기회가 보인다

눈앞의 조그만 이익을 보려고 하면 큰일을 이루지 못한다.

견소리 즉대사불성 見小利 則大事不成

-《논어》〈자로(子路)〉

"눈앞의 일에 사로잡히면 큰일을 그르친다. 작은 이익에 마음을 빼앗긴다면 큰일을 할 수 없다."

당장 눈앞의 이익만을 좇다가 되레 큰 것을 놓치거나 일을 그르친 경험을 누구나 한 번쯤 해보았을 것입니다. '높이 나는 새가 멀리 본다', '나무만 보지 말고 숲을 보라'는 말이 있습니다. 현재 중심적인 사고방식을 미래 지향적인 마인드로 바꾸고 눈에 보이는 '작은 것들에만 치중하지 말고 멀리 보고 크게 생각하라'는 뜻입니다.

이와 비슷한 것으로 소탐대실(小貪大失)이란 말이 있습니다. '작은 것을 탐하려다 오히려 큰 것을 잃는다'는 뜻입니다. 당장의 이익에 현혹되기보다 정확한 판단력으로 더 크게 앞을 내다보는 눈을 길러야 합니다.

사기꾼의 말에 쉽게 현혹되어 투자만 하면 10배 이상 벌 수 있다는 얘기를 듣고 귀가 솔깃해져서 투자했다가 원금조차 돌려받지 못하는 사례들도 비일비재한 현실입니다. 순간적인 판단력 부족과 일확천금의 막연한 기대감이 낳은 불상사는 지금도 사회 곳곳에서 일어나고 있습니다.

이미 굳어버린 습성이나 고정관념에 빠져서 새로운 패러다임을 받아들일 마음의 여유조차 없다면 언제든 반드시 값비싼 대가를 치러야 합니다. 거시적 관점에서 멀리 내다볼 줄 아는 혜안을 갖는다면, 허투루 눈앞의 작은 이익에만 연연해하지 않게 됩니다.

《상식파괴자》의 저자 그레고리 번스는 진정한 리더가 되기 위해 필요한 3가지 조건을 이야기했습니다. '지각과 공포 반응, 사회지능'이 바로 그것입니다. '지각'이란 사물이나 현상을 봤을 때 남들과 다르게 생각하는 능력입니다. 그러나 거기에는 항상 두려움이 따르는데, 그것이 바로 '공포 반응'입니다. 이 두려움을 극복하고 자기 생각을 용기 있게 추진하는 사람만이 좋은 결과를 낼 수 있습니다. 또한 진정한 성공을 거두기 위해서는 사람들의 공감과 호응을 얻어야 하는데, 이를 위해 필요한 것이 바로 '사회지능'입니다.

일본의 유명 작가 이케다 기요히코는 '관점을 바꿀 수 있는 용기를 가져라. 그리고 변화하라!'고 했습니다. 머릿속에 굳어진 고정관념이나 습관들은 창의력과 판단력을 저해할 수 있으니, '스스로 변화하기 위한 용기와 꾸준한 학습'이 반드시 필요합니다.

단 한 번밖에 살 수 없다면 인문고전을 읽어라

031

선택과 집중은 필요충분조건이다

닭을 잡는 데는 굳이 소 잡는 칼이 필요 없다.

할계언용우도 割鷄焉用牛刀

- 《논어》〈양화(陽貨)〉

"닭을 잡는 데 소를 잡는 큰 칼을 사용할 필요가 있겠는가? 일의 대소나 나라의 대소에 따라서 처리하는 인재(人材)에도 적절함과 부적절함이 있다."

중요하지 않은 일에 너무 많은 시간과 노력을 들이면 비효율적이고, 반대로 중요한 일에 충분한 시간과 노력을 투입하지 않는다면 원하는 성과를 거둘 수 없습니다. 이처럼 일의 가치에 따라 판단과 행동이 달라져야 합니다. '작은 일을 너무 확대해서 생각하지 않으며, 나무만 보지 말고 숲도 같이 볼 수 있어야 한다'는 의미도 내포되어 있습니다. 더불어 '인재를 적재적소에 배치해야 함'을 강조하고 있습니다.

시간을 효율적으로 관리하는 방법으로 '긴급도'과 '중요도'에 따른 시간 메트릭스가 있습니다. 시간 낭비를 최소화하기 위해 일의 우선순위를 매겨서 중요하고 긴박한 일에 시간을 더 많이 투자하여 빠른 성과를 내는 방법입니다. 모든 일은 '긴급도'와 '중요도'로 나누고 그에 따라 시간과 노력을 투자해서 기한 내에 성과를 내야 합니다.

다산 정약용의 《인재책(人才策)》에는 '신분 차별'과 '지역 차별'이 철폐되지 않는 한 절대 인재다운 인재를 발굴하기 어렵다고 강조하고 있습니다. 참다운 인재를 고르는 용인술이 뛰어났던 세종과 정조처럼 인재를 알아보고 적재적소에 배치할 줄 아는 리더가 반드시 필요합니다. 인재의 능력을 키워줄 뿐만 아니라, 작은 허물은 용서하고 장점은 극대화할 수 있는 사람이 현명한 리더입니다.

그러나 아무리 작고 쉽고 간단한 일이라도 세심한 주의를 기울이지 않는다면, 그것이 빌미가 되어 더 큰일을 그르치는 경우도 있습니다. 그만큼 사소한 일에도 집중할 필요가 있다는 뜻이지요. 무슨 일이든 노력과 정성이 모여서 진정 자신이 원하는 성과로 나타나기 때문입니다.

《고문진보(古文眞寶)》에는 "큰일은 평소의 해이함에서 일어나고 화근은 방심에서 일어난다"고 지적하고 있습니다. 쉽게 판단하고 쉬이 그르칠 수도 있는 '작은 일에도 세심한 관심과 노력이 필요하다'는 뜻입니다. 중요도에 따라 일을 추진하되, 작은 것부터 하나씩 챙기는 습관을 들여야 합니다.

032
/
기본이 탄탄해야 지속 가능한 성공을 얻는다

떳떳한 생업이 없다면 떳떳한 마음도 없다.

무항산 인무항심 無恒産 因無恒心

―《맹자》〈양혜왕 상〉

"백성이 떳떳한 생업이 없으면, 그로 인해 떳떳한 마음이 없어진다. 만일 떳떳한 마음이 없어지면 방탕하고 아첨하며 사악하고 사치스러운 짓을 그만두지 못할 것이니, 백성이 이로 인해 죄를 짓고 그래서 이들을 형벌에 처한다면, 이는 백성에게 형벌을 주기 위해 그물망을 치는 것이다. 그러므로 어찌 어진 이가 재위하면서 그물망을 칠 수가 있으리오. 명군(明君)은 백성의 생업을 마련해 주되, 위로는 부모를 섬기기에 충분하고, 아래로 처자를 부양하도록 하여, 풍년에는 배가 부르게 하고, 흉년에는 굶어 죽는 일이 없도록 한 후에, 백성이 착한 일을 실천하게 했다. 그리하여 백성이 통치자의 명령을 잘 따랐다."

경제활동이 둔화되고 경기가 어려워질수록 일자리와 고용 창출의 기회는 줄어들 수밖에 없습니다. 정부는 경제 활성화에 대한 책임을 지고 적극적인 지원과 발 빠른 대처, 일자리 창출과 보존을 위한 노력을 게을리하지 않아야 합니다.

사회활동을 통해 수입을 얻고 자아실현을 하고 최소한의 생계를 꾸려가기 위해서는 반드시 생업에 종사해야 합니다. 갈수록 빈부 격차가 심해지고 아무리 노력해도 정규직 전환이 어려운 계약직이나 일용직 근로자들은 항상 몸과 마음이 지쳐 있습니다. 그런 가운데 치안이 불안해지고 도덕적 양심과 도의적 의리가 약해진다면 사회구조는 흔들릴 수밖에 없습니다.

맹자가 지적한 최고 통치자의 중요한 책무는 '백성이 인간다운 삶을 영위할 수 있는 일자리를 갖도록 돌보는 것'입니다. 일자리가 없어서 죄를 짓도록 방치하는 것은 최고 통치자의 소임이 아닙니다. 떳떳한 일자리가 없으면 떳떳한 마음 또한 쉬이 없어져서 범죄로 이어지기 쉽습니다. 백성이 부모를 섬기고 가족을 부양할 수 있는 일자리를 통해 사회복지를 구현하는 것은 오늘날에도 국가 최고 통치자의 책무입니다.

실업률은 늘고 청년 고용률은 떨어진 현실에서 정부는 정책적인 지원을 아끼지 말고 기업인들과 함께 일자리 창출 및 위탁 교육, 창업 지원 등에도 적극 앞장서야 합니다. 또한 현재 생업이 위태롭거나 마땅한 일자리가 없는 사람들은 자신이 처한 사회적 환경이나 정부 탓, 기업 탓을 할 것이 아니라 스스로 일어설 수 있어야 합니다. 성공은 긍정적인 태도에 달려 있으며, 할 수 있다고 믿는 마음에서부터 비롯됩니다.

단 한 번밖에 살 수 없다면 인문고전을 읽어라

033

/

선한 영향력이 성공을 가져다준다

사람의 인생이란 올바름으로 살아가는 것이다.

인지생야직 人之生也直

− 《논어》 〈옹야〉

"원래 인간의 본성은 선하다. 즉, 정직한 천성을 따라 살아가야
올바르게 산다고 할 수 있다."

인생이란 수많은 우여곡절을 겪으며 살아갈 수밖에 없는 시련의
연속입니다. 그 가운데 가장 많은 상처와 시련을 주는 것은 인간관
계에서 오는 배신과 분노입니다. 서로에 대한 믿음이 부족하면 신
뢰가 쌓이지 않고 결국 소통에도 문제가 생깁니다.

공자는 신이나 죽음과 같은 형이상학적인 것보다 현실적인 문제 해결이 더 절실함을 강조했습니다. 사람들 간의 조화로운 관계를 통해 '이상적인 사회'를 이루기 위한 방법을 모색하는 것이 공자의 주된 관심사였습니다. 이상적인 사회란 계급 간의 갈등이 없고 사람 간의 신뢰로 움직이는 사회를 말합니다.

고자(告子)는 성무선악설(性無善惡設)을 주장했습니다. '인간의 본성은 선하다고도 볼 수 없고 악하다고도 볼 수 없다'는 것입니다. 고인 물을 동쪽으로 트면 동쪽으로 흐르고, 서쪽으로 트면 서쪽으로 흐르는 것과 마찬가지로 인간이 선한 마음을 먹느냐 악한 마음을 먹느냐에 따라 인간의 본성이 달라진다는 것입니다.

반면 맹자는 성선설(性善說)을 주장했습니다. 본래 인간은 '인의예지(仁義禮智)라는 선한 본성'을 가지고 있는데, 이는 측은지심(惻隱之心), 수오지심(羞惡之心), 사양지심(辭讓之心), 시비지심(是非之心)이라는 사단(四端)에 의해 확인할 수 있다고 했습니다.

인성론에 대한 옳고 그름을 떠나서 중요한 것은 올바른 인생을 살기 위해 어떻게 해야 하느냐입니다. 올바른 삶이란 성공에만 집착해서 타인을 기만하고 자신을 숨기는 것이 아니라, 사람들과 신뢰를 쌓아가는 것입니다.

단 한 번밖에 살 수 없다면 인문고전을 읽어라

034

좋은 인재를 얻으려면 칭찬부터 하라

상대방의 지나간 옛일은 말하지 않는다.

부도구고 不道舊故
— 《예기》〈소의(少儀)〉

"오래된 친구의 과거 잘못에 대해서는 그 사람이나 제삼자에게
도 이야기해서는 안 된다."

사람들은 남의 허물을 이야기하며 일종의 묘한 쾌감을 느끼기도
합니다. 그러나 남의 잘못을 지적함으로써 느끼는 일종의 우월감
은 결코 자기 인생에 도움이 되지 않습니다. 오히려 그 말을 들은
당사자나 제삼자가 불쾌한 감정을 가지고 등을 돌리거나 또 다른

제삼자에게 말을 옮기는 과정에서 자신의 입장이 더욱 나빠지거나 좋지 않게 인식될 수 있습니다.

탈레스는 "자신을 아는 일이 가장 어렵고 다른 사람에게 충고하는 일이 가장 쉽다"고 말했습니다. 훌륭한 리더일수록 칭찬에 능숙하고 그렇지 않은 사람들은 상대의 결점과 잘못을 지적하는 데 더 능숙합니다. 바람직한 성품과 리더십은 타인보다 자신에 대한 잣대를 더 엄격하게 적용할 때 나오는 것입니다.

세상에 완벽한 사람은 없습니다. 누구나 잘못을 범하고 지난 실수를 후회합니다. 자신의 약점과 잘못을 지적하기보다 장점과 잘한 일을 칭찬해주기를 기대하는 것은 당연한 심리입니다. 영국의 의사 토머스 시드넘 박사는 "좋은 사람과 사귀느냐, 나쁜 사람과 사귀느냐에 따라 사람은 누구나 때로는 좋은 사람이 되기도 하고 나쁜 사람이 되기도 한다"고 말했습니다.

자신을 정복할 수 있는 사람이야말로 진정 '위대한 사람'입니다. 늘 언행일치(言行一致)하려는 마음과 타인의 잘못을 따지기보다 상대의 가치를 인정할 때 자신의 가치도 인정받을 수 있습니다.

단 한 번밖에 살 수 없다면 인문고전을 읽어라

035

/

사람들은 행동하는 리더를 따른다

자기 몸에 있은 뒤에 남에게 요구함이 마땅하다.

유제기 이후구제인 有諸己 而后求諸人

－《대학》〈전 9장〉

"군자는 자기가 어짊의 도리를 실행한 다음에 비로소 다른 사람에게도 어짊의 도리를 행할 것을 요구한다. 남에게 요구하기 전에 먼저 자기부터 실행하는 것이다. 그러나 소인은 자주 이것과는 반대되는 행동을 한다."

이 문구는 《대학(大學)》〈치국장(治國章)〉에도 나오는 표현입니다. "요순 같은 어진 임금이 천하를 거느리고 어진 일을 하자 온 백성이 따라 어진 일을 했다. 걸과 주 같은 부덕한 임금이 천하를 거느리고 못된 일을 하자 온 백성이 따라서 못된 일을 했다. 그러므로 그가 명령하는 것이 그가 좋아하는 것과 어긋나면 백성은 따르지 않는다. 이런 까닭에 군자는 내게 있은 뒤에 남에게 요구하고 내게 없은 뒤에 남을 그르다 한다."

먼저 리더가 솔선수범해야 대중들도 따른다는 뜻입니다. 수신제가 치국평천하(修身齊家 治國平天下), 즉 '몸과 마음을 수양하고 집안을 안정시킨 후에 나라를 다스리고 천하를 평정할 수 있다'는 것과 같은 맥락입니다.

자기가 먼저 실행하고 나서 다른 사람에게 요구하는 것은 잘못됨이 없지만, 자신은 실천하지 않고 말로만 떠드는 것은 실로 부끄러운 일입니다. 진정한 리더에 대한 존경과 신뢰는 말이 아닌 행동에서 나오는 것이기에 먼저 실천한 다음 다른 사람들에게 이야기해야 합니다.

자신은 전혀 일하지 않으면서 부하직원들에게만 힘든 일을 시킨다면, 진정한 리더로서 자격이 없습니다. 역사적으로 훌륭한 리더는 올바른 행동을 통한 실천력에서 비롯되었습니다. 먼저 자신부터 솔선수범하며 좋은 본(本)을 보였을 때 진정 새로운 조직 변화와

단 한 번밖에 살 수 없다면 인문고전을 읽어라

인재 관리가 가능합니다.

 헨리 포드는 "세상에는 두 종류의 사람들이 있다. 자신이 할 수 있다고 생각하는 사람과 할 수 없다고 생각하는 사람이다. 물론 둘 다 옳다"라고 말했습니다. 진정 좋은 일은 남에게 양보하고 힘든 일은 나부터 먼저 해야 사람들이 믿고 따르는 훌륭한 리더가 될 수 있습니다.

036
/
좋은 이미지는 진정 어린 말에서 나온다

말을 교묘히 꾸미고 얼굴색을 가꾸는 자 중에는
어진 이가 드물다.

교언영색 선의인 巧言令色 鮮矣仁

– 《논어》 〈학이〉

"말을 교묘하게 꾸미는 것과 얼굴빛을 좋게 하는 것 자체는 비난
할 것이 못 된다. 그러나 입에 발린 말만 늘어놓고 용모나 태도를
유연하고 아름답게 꾸미는 일에만 전념하는 사람은 자칫 인간의
근본 도리인 인(仁)의 마음이 희박하기 쉽다."

내면의 아름다움 없이 외모만 꾸미고 거짓과 가식으로 포장하는

기술이 뛰어난 사람들이 있습니다. 마음속에는 진실이 없으면서 남에게 아첨하느라 발라맞추는 말과 아부하는 태도를 가진 사람들 중에 어진 인물이 없습니다.

나에게 필요한 것을 가진 사람이나 자신의 분야에서 권력을 가진 사람을 최대한 정중히 대하거나 잘 보이려고 하는 것은 인지상정입니다. 이것은 인맥을 쌓는 과정에서도 일정 부분 피치 못할 흐름일 수 있습니다. 하지만 그러다 보면 나보다 못한 사람이나 아랫사람들을 무시할 수 있습니다. 이러한 인물들은 강자에게는 약하고 약자에게는 강하게 마련입니다.

'깨진 유리창 이론(Broken Windows Theory)'이 있습니다. 미국의 범죄학자 제임스 윌슨과 조지 켈링이 주장한 사회 무질서에 관한 이론으로 깨진 유리창 하나를 방치해두면 그 지점을 중심으로 범죄가 확산되기 시작한다는 것입니다. 사소한 무질서를 방치하면 자칫 큰 문제로 이어질 가능성이 높다는 의미입니다.

개인의 인생도 마찬가지입니다. 자신의 나쁜 습관을 계속 내버려두면 나쁜 버릇들이 더 많이 생겨납니다. 반대로 좋은 습관이 쌓이면 좋은 이미지가 차곡차곡 쌓입니다.

크라이슬러 회장이었던 리 아이아코카는 "성공은 당신이 아는 지식 덕분이 아니라, 당신이 아는 사람들과 그들에게 비치는 당신의 이미지를 통해 찾아온다"고 말했습니다. 교언영색에 밝은 사람이 아니라, 도덕과 양심을 지키며 좋은 이미지를 심어주는 사람이 성공할 수 있습니다.

037

/

큰 기회는 사소한 약속을 지키는 데서 온다

사람으로서 신의가 없으면 좋을 수가 없다.

인이무신 부지기가야 人而無信 不知其可也

－《논어》〈위정〉

"인간관계는 신의(信義)를 바탕으로 성립된다. 신의 없이는 인간
관계도 사회도 성립될 수 없다. 그러므로 신의 없는 자는 훌륭하
다고 인정받지 못한다."

공자는 이렇게 말했습니다. "사람이 신의가 없다면 그것이 옳은
지 모르겠다. 큰 수레에 소의 멍에 걸이가 없고 작은 수레에 말의
멍에 걸이가 없다면 무엇으로 그것을 운행하겠는가?" 멍에 걸이

없는 수레가 제 구실을 못하는 것처럼 신의가 없으면 사람 구실을 할 수 없다는 의미입니다.

사람 간의 약속은 반드시 지켜야 할 덕목입니다. 아무리 가벼운 약속이라도 서로의 신뢰를 바탕으로 한 것은 지키는 것이 도리입니다. 피치 못할 사정으로 약속을 이행하지 못한다면 상대방에게 양해를 구하는 것이 마땅합니다.

요즘 세상은 너무나도 바쁘게 돌아가고 있습니다. 일상의 다반사가 업무를 위한 미팅과 협의, 약속이나 만남들로 채워지고 있습니다. 때로는 약속을 잡아놓고 다른 급한 약속이 생긴다거나 더 중요한 미팅이나 일정들 탓에 부득이 약속을 파기하거나 늦춰야 하는 경우도 생깁니다. 이럴 때 어떻게 신뢰를 지켜나가야 할까요?

'진여(眞如)의 마음'이라는 표현이 있습니다. '참으로 있는 그대로의 마음'이자 '현재 있는 모습 그대로가 진리인 마음'입니다. 모든 존재에는 진실한 모습이 존재합니다. 화엄종의 대표자인 법장의 《화엄의해백문(華嚴義海百門)》에서는, "하나의 조그마한 티끌만 보아도 전체가 갑자기 나타나며, 이것과 저것은 서로 받아들이니 가느다란 머리카락 하나만 보아도 모든 사물이 함께 나타난다"고 했습니다. 하나의 사물을 통해 하나의 완전한 우주를 볼 수 있는 것이 바로 '진여의 마음'입니다. 이렇듯 있는 그대로의 모습을 인정하고 가식과 집착하는 마음을 버렸을 때 비로소 사물을 제대로 평가하고 서로 간의 신뢰를 쌓아나갈 수 있습니다.

하지만 스스로에 대한 자아 인식과 통찰을 얻어내기 쉬운 일은 아닙니다. 스스로 깨우치기보다 사람들과의 관계 속에서 배우며 습득하는 과정이 반드시 필요합니다. 자신이 계획한 더 나은 삶을 위해 기대감과 희망을 갖고 열심히 자신의 인생을 살아가겠다는 의지가 반드시 필요합니다. 그러나 독불장군과도 같이 이기심과 아집으로 가득한 삶에는 좋은 결과가 찾아들지 않습니다.

모든 사람들과의 관계를 원만하게 유지할 수는 없습니다. 단지 자신의 잘잘못이 원인이 되거나 불찰로 인해 대인관계가 소원해졌다면, 자신에 대한 신의가 깨졌거나 신뢰감을 잃은 것은 아닌지 다시금 반성할 필요가 있습니다. 결국 신의를 잃으면 성공이든 성장발전이든 자신이 원하는 인생을 이뤄나가기 어렵습니다.

038

한 걸음 더 나아갈 수 있는 용기

의로운 것을 보고도 행하지 않음은
스스로 용기가 없는 것이다.

견의불위 무용야 見義不爲 無勇也

－《논어》〈위정〉

"이렇게 하는 것이, 혹은 이런 것이 인간으로서 행해야 할 올바른
도리라는 것을 알면서도 자기의 이익을 위해, 또는 자신을 보호
하기 위해 감히 그렇게 하지 않는 사람을 용기 없는 자라고 한다."

"가히 알 수 없는 귀신에게 미혹되지 말고, 오직 그 힘을 마땅히
해야 할 인도(人道)에 쏟으라는 것이다. 자신이 섬겨야 할 귀신에게

는 지성과 공경을 다하되, 기타의 귀신은 멀리하는 것이 좋다. 그리고 어떤 일에 대해 마땅히 옳다고 여겨지면 주저하지 않고 용기 있게 행해야 자신을 향상시킬 수 있다"라고 공자는 말했습니다.

당연히 옳은 일인 줄 알면서도 몸소 행하지 않고 응당 나쁜 일인 줄 알면서도 거부하지 않고 침묵하는 경우가 종종 생깁니다. '도덕적 해이'로만 치부할 수도 없고 그렇다고 책임을 논할 정도도 아닙니다. 단지 스스로 비겁한 인생, 부끄러운 인생이 아닌가 하는 씁쓸함을 느끼는 정도입니다.

공자는 스스로 인간을 위하고 혼란스러운 춘추전국시대에 불의가 아닌 정의로운 세상을 만들고자 했습니다. 그는 비록 권력을 얻진 못했지만, 이상적 현실주의자로서 '붓과 책이 창과 방패보다 강하다'는 확신을 심어준 위인입니다. 그는 하늘을 원망하지도 사람을 탓하지도 않았으며, '아래로 사람을 배우고 위로는 천명(天命)에 이르고자' 했으니, 결국 군자가 세상에 나가고자 함은 '의(義)'를 행하기 위함이라 말했습니다.

요즘은 타인에 대한 따뜻한 온정과 진정한 용기를 찾기가 힘듭니다. 철로에 쓰러진 사람을 구하기 위해 하나뿐인 자신의 목숨을 던진 젊은이가 있습니다. 2001년 1월, 귀가 도중 도쿄 신오쿠보 전철

역에서 추락한 취객을 구조하기 위해 선로에 뛰어내렸다가 26세의 젊은 나이로 생을 마감한 '의인(義人) 이수현'의 이야기입니다. 당시 그의 빈소에는 일본 주요 정치인을 비롯한 추모객들이 줄을 이었으며, 그의 유해가 한국으로 돌아온 뒤에도 애도의 물결은 끊이지 않았습니다. 그는 의로운 일에 몸을 사리지 않고 진정한 용기를 보여주었습니다.

돈오점수(頓悟漸修)라는 말이 있습니다. '문득 깨달음에 이르는 경지까지는 반드시 점진적 수행 단계가 따른다'는 뜻입니다. 하나둘 배움의 과정을 거쳐 진정한 깨달음을 얻고 스스로의 삶을 만들어가야 합니다. 많이 안다고 모두 똑똑하거나 의로운 삶을 실천하며 사는 것은 아닙니다. 스스로에 대한 점진적 수행과 용기 있는 삶을 위한 자기성찰이 필요한 때입니다.

039

/

능력을 2배 높이는 가장 단순한 방법

**사람은 그 근본에 충실해야 하니,
근본이 확립되면 방법이 생겨난다.**

무본 본립이도생 務本 本立而道生
- 《논어》 〈학이〉

"무슨 일을 하든지 말단적인 것이나 형식적인 것에는 구애되지
말고 근본을 파악하도록 노력해야 하며, 근본적인 것을 행하면
자연히 방법은 뒤따른다."

유자(有子)의 이 말 때문에 유학(儒學)은 '근본에 힘쓰는[務本] 학문'
이라고도 불렸습니다. 유자는 이렇게 말했습니다. "그 사람됨치고

효성스럽고 공손하면서 윗사람을 거스르기 좋아하는 이가 적으니, 윗사람을 거스르기를 좋아하지 않으면서 난을 일으키기를 좋아하는 이는 아직 있지 아니하였다. 군자는 근본에 힘쓰니, 근본이 서야 도가 생기는 것으로 '효도와 공경이란 그 인(仁)을 실천하는 근본'일 것이다."

기초를 모르면 진도를 따라가지 못하고 성적도 뒤처지게 되어 점점 공부에 대한 열의가 식게 마련입니다. 사상누각(砂上樓閣)이라는 말은 '어떤 사물의 기초가 튼튼하지 못하여 오래가지 못함'을 뜻합니다. 아무리 예쁘고 멋진 집을 지어도 기초가 튼튼하지 않으면 곧 무너지고 말 것입니다. 무언가를 배울 때 이러한 기초적인 원리를 종종 무시하는 경우가 있습니다. 주먹구구식이나 수박 겉핥기식으로는 진정한 깨우침을 얻지 못합니다.

기초가 되는 근본 자세로는 자기 사명감이 있습니다. 스스로가 세상을 바로 보고 옳게 해석하며, 주어진 일을 긍정적으로 수용하려는 자세가 되어 있는지 숙고해야 합니다. 학습 기초를 쌓기 위한 토대가 되는 '자기관리 마인드'가 필요하다는 것입니다. 자신의 비전과 가치, 근본을 확립하는 것은 '자아의식의 확고한 구축'에서 시작된다는 의미입니다.

스티븐 코비는 《성공하는 사람들의 7가지 습관》에서 스스로 삶을 이루는 4가지 핵심 요소로 '안정감, 지침, 지혜, 역량'을 꼽았습니다. 안정감이란 가치 의식과 자기 정체성, 자존감, 강직한 성품에서 나오며, 지침이란 인생의 방향을 인도하는 길잡이를 뜻합니다. 지혜는 인생을 보는 시각과 균형 유지 감각, 판단하고 분별하며, 이해하는 능력을 모두 포함합니다. 마지막으로 역량은 어떤 것을 성취하는 잠재력 및 정신력, 행동하는 능력과 자질을 의미합니다.

이처럼 자신의 확고한 사명감과 안정감을 토대로 앎의 지혜를 쌓으며 꾸준히 자신의 역량을 키워나갈 때, 비로소 근본이 탄탄한 인성과 능력이 갖춰질 것입니다.

040

/

승자의 태도는 성공의 기준이다

아는 것은 안다고 하고 모르는 것은 모른다고 하는 것,
이것이야말로 진정으로 아는 것이다.
지지위지지 부지위부지 시지야 知之爲知之 不知爲不知 是知也
- 《논어》 〈위정〉

"아는 것을 안다고 하고 모르는 것을 모른다고 인정하는 것이 정
말로 아는 것이다. '어리석음도 어리석음을 지키면 어리석지 않다'
라고도 한다. 즉, 모르는 것도 아는 것처럼 말하고 행동하는 사람
이야말로 진정으로 어리석은 자이다."

공자가 자로에게 한 말입니다. 용기가 너무 지나친 제자 자로에

대해 공자는 "한마디로 재판의 판결을 내릴 사람은 유(由)밖에 없다"라고 하면서, 자로에게 "유(由)야, 네게 아는 것을 가르쳐주마. 아는 것을 안다고 하고 알지 못하는 것을 알지 못한다고 하는 것, 참으로 이것이 아는 것이다"라고 말했습니다.

용기가 지나치면 만용이 됩니다. 분별없이 함부로 날뛰는 용맹이 만용입니다. 또 다른 표현으로 '객쩍게 부리는 혈기나 용기'를 객기라고도 합니다. 만용이든 객기든 허세를 부리는 자들의 속내는 자만심으로 가득 차 있습니다. 그러한 자들에게 경각심을 불러일으키는 표현입니다.

요즘은 자기 PR 시대입니다. 어떠한 분야에서 자신의 장점이나 특기를 드러내는 것도 성공하기 위한 방편이 될 수 있습니다. 문제는 있는 그대로를 드러내는 것이 아니라 침소봉대(針小棒大)하여 과장하거나, 허장성세(虛張聲勢), 즉 실속은 없으면서 큰소리치는 것입니다. 자신이 아는 것을 자신만 아는 것인 양 우쭐대거나, 잘 모르는 것을 잘 아는 것인 양 아는 체하는 것은 내면의 자아의식이 부족하기 때문입니다.

《승리자의 심리학》의 저자 데니스 웨이트리 박사는 "승자의 강점은 타고난 출생, 높은 지능, 뛰어난 실력에 있지 않다. 승자의 강점은 소질이나 재능이 아닌 오직 태도에 있다. 태도는 성공의 기준이다"라고 했습니다. 그 사람이 원래 가지고 있는 자질보다 남에게 보여지는 태도가 성공에 더 직접적인 영향을 준다고 합니다.

잘 아는 것은 잘 안다고 말하고 모르는 것은 모른다고 인정하는 것이야말로 현명한 태도입니다. 모르는 것을 알고자 노력할 때, 실력 향상과 더불어 보다 성공적인 삶이 눈앞에 펼쳐질 것입니다.

단 한 번밖에 살 수 없다면 인문고전을 읽어라

041

/

오늘의 나보다 좀 더 나은 내일의 내가 되자

●   ●

현명하지 못한 사람을 보면,
스스로를 돌아보며 반성해야 한다.

견불현이내자성야 見不賢而內自省也
– 《논어》 〈리인〉

●   ●

"자기보다 못한 사람, 어리석은 행위를 하는 사람을 만났을 때는
그것을 자기반성의 재료로 삼는 것이 좋다. 그렇게 한다면 나보
다 못한 사람도 내 스승으로 삼을 수 있다."

"현명한 사람을 보면 그와 나란히 될 것을 생각하고, 현명하지
못한 사람을 보면 속으로 자신을 돌아본다"는 뜻으로 〈술이(述而)〉

에 나오는 "세 사람이 함께 길을 가면, 거기에는 반드시 나의 스승이 있다"는 '삼인행 필유아사(三人行 必有我師)'와 같은 맥락입니다.

공자 자신도 나면서부터 현자는 아니라고 말했습니다. "내가 나면서부터 저절로 도(道)를 아는 것이 아니라, 옛것을 좋아하여 부지런히 찾아 배워 알게 되었을 뿐이다"라며 스스로 배움의 노력으로 얻은 성과라고 말했습니다. 스승이나 현자뿐만 아니라 우둔하고 어리석은 자들로부터 교훈과 깨달음을 얻었다는 것입니다.

사람은 누구나 '완벽한 존재'가 될 수 없습니다. 단지 자신보다 나은 사람을 보고 배울 때 현재의 자신보다 나은 모습으로 성장할 수 있습니다. 때로는 자신보다 못하거나 어리석은 이들을 보면서도 스스로를 다시금 돌아보는 계기가 됩니다.

배움에는 반드시 따라야 하는 순서도 없고 끝도 없으며 어떠한 대상이 정해져 있는 것도 아닙니다. 사람이 사람을 통해 직접 배우는 가치와 깨달음은 책을 통해 배우는 것보다 더 큰 깨달음을 줄 수 있습니다. 쉽게 분노를 표출하는 사람을 보면, 결국 상대뿐만 아니라 자기 스스로를 먼저 해치는 결과를 가져올 수 있음을 직접 겪어보고 깨닫는 것입니다.

앨빈 토플러는 "21세기의 문맹자는 글을 읽을 줄 모르는 사람이

단 한 번밖에 살 수 없다면 인문고전을 읽어라

아니라, 학습하고 교정하고 재학습하는 능력이 없는 사람이다"라고 말했습니다. 어디서 무엇을 배웠는가 하는 것보다 무엇이든 배우려고 하는 의지와 노력이 더욱 중요합니다.

끊임없이 배우려고 노력하는 사람들은 나이와 관계없이 젊은 마인드를 가진 사람들이며, 타인에게도 바람직한 영향력을 주는 사람들입니다. 바람직한 영향력이란, 반드시 어떠한 성과를 보여주는 것이 아닙니다. 인간 존중과 배려, 솔선수범과 감성적 표현, 동기부여, 정직과 성실, 경청과 칭찬 등을 통해 타의 모범이 된다는 것입니다.

현자는 그 재능을 뽐내지 않아 때론 어리석어 보일 수도 있습니다. 하지만 그들의 침묵과 경청은 무지함이 아니라, 겸손과 배려라는 사실을 잊지 말아야 할 것입니다.

042

비판보다 격려의 말 한마디에 움직인다

친구 간에도 충고가 잦으면 사이가 멀어진다.

붕우삭 사소의 朋友數 斯疎矣

—《논어》〈리인〉

"친절한 정도가 지나치면 상대가 귀찮게 여겨 오히려 사이가 멀어
진다."

자유(子游)가 이렇게 말했습니다. "임금을 섬김에 있어서 간언을
자주 하면 곤욕을 당하게 되고 친구와 사귐에 있어서 충고를 자주
하면 사이가 소원해진다." 올바른 소리도 상황에 맞게 적절히 해야
지 지나치면 역효과이니, 안 하는 것만 못하다는 의미입니다.

칭찬이 아니라면 누군가의 입에 오르내리는 것을 좋아할 사람은 없습니다. 감언이설(甘言利說)도 여러 번 반복해서 들으면 짜증이 날 수 있는 것이 사람의 마음입니다. 하물며 당연지사(當然之事)일지라도 충고나 조언을 들으면 자존심이 상하게 마련입니다.

부모님이나 선생님께 계속 지적받으면 기분이 안 좋은 법인데, 가까운 친구라면 더할 것입니다. 공자는 비록 좋은 뜻으로 한다 하더라도 여러 번 허물을 지적하거나 충고하지는 말라고 했습니다. 진정 그 친구를 위한 조언이나 충고를 해주고 싶다면, 한두 번만으로도 충분하며 나머지 판단은 본인에게 맡겨두어야 합니다.

가까운 사이일수록 더욱 말조심해야 합니다. 서로를 너무도 잘 알기에 상대방의 약점이나 고쳐야 할 단점까지도 절친이라는 미명 하에 때로는 입바른 충고를 할 수 있습니다. 상대가 자극받아 진정 고쳐야 할 부분이라면, 스스로 인정하며 달게 받아들일 수 있습니다. 하지만 안 좋은 소리도 자꾸 들으면 겉으로는 인정하는 듯 쓴 웃음을 지으면서도 속으로는 반발심이 들게 됩니다.

자신의 허물이나 잘못된 점을 스스로 깨닫고 올바르게 고쳐나가는 사람들이 많지는 않을 것입니다. 인간관계 속에서 서로 부대끼며 자신보다 잘난 사람들과 못난 사람들, 정직한 사람들과 그렇지 않은 사람들, 말만 앞세우는 사람들과 행동 지향적인 사람들, 또는 침묵하는 사람들을 보고 깨닫고 스스로 반성해나가야 합니다 .

미국의 철강회사 전문 경영인이었던 찰스 슈왑은 이런 말을 했습니다. "나는 지금껏, 아무리 일하는 것을 즐거워하더라도 인정받기보다 비판받을 때 일을 더 잘하거나, 더 열심히 노력하는 사람을 본 적이 없다." 사람은 누구나 인정받고 싶은 욕구가 있습니다. 나의 욕구를 충족하기 위해서는 먼저 타인의 욕구부터 인정해야 합니다. '칭찬은 귀로 먹는 보약과 같다'고 합니다.

칭찬은 인간관계의 윤활유이자 상처 치료제가 될 수 있습니다. 또한 칭찬만큼 효과적인 리더십 도구는 없으며, 칭찬을 통해 즐거운 인생을 만들 수도 있습니다. 상대에 대한 충고나 지적, 비판에 얽매이기보다는 칭찬과 인정, 격려가 절실히 필요한 때입니다.

043

가치 있는 삶을 살아야 하는 이유

사치는 예의에도 어긋나므로 차라리 검소한 것이 낫다.

예여기사야 영검 禮與其奢也 寧儉

– 《논어》 〈팔일〉

"분수에 넘치는 일은 모두 예의에 어긋난다. 관혼상제(冠婚喪祭)
에서 지나치게 사치를 하기보다는 오히려 검약하는 편이 훨씬 예
의에 맞는다. 물질뿐 아니라 정신의 단속 또한 검소함[儉]이다. 의
식이나 선물 같은 것도 지엽적인 형식에 지나지 않으며, 그것을
행하는 마음이야말로 중요한 근본이다. 어디까지나 본말이 뒤집
혀서는 안 된다."

"예의는 중용을 얻어야 하지만, 사치 혹은 검소, 어느 한편으로 기우는 경우에는 검소한 편이 낫다"는 뜻입니다. 노자의 사상에서 진정한 덕인 '무위의 덕'을 실천하는 덕목을 '자(慈), 검(儉), 용(勇)'의 3보라고 하였습니다. "본디 인간성은 잔인하니 자애를 요청하며, 잔인의 극기에서만 자애가 생길 수 있다"는 것이지요. "물욕은 소유욕이며 화려한 사치욕이니 무위의 덕목은 그것을 잘 절제하는 것이고, 또한 물욕은 독점 지배욕으로서 과감한 침략을 욕구하는 것이다. 그러하니 이 침략성을 억제하는 것이 참된 용기이자 부쟁(不爭)의 덕"이라 하였습니다.

이는 한 나라의 임금도 위대하기는 하나, 전제군주가 아닌 '무욕의 서민 지도자'로서 자위 존립상 부득이한 방어에 한해서만 전쟁을 인정한다는 것입니다. 개인의 욕심을 비판하고 절제를 강조함으로써 탐욕에 찬 사회를 개조할 것을 바랐던 것입니다.

자기만족과 소유를 위한 사치욕과 그러한 욕구를 남들에게 과시하고 싶은 허영심을 잘 절제하고 검소한 생활을 하는 것이 곧 미덕입니다. 분수에 넘치는 과도한 선물이나 허례허식(虛禮虛飾)을 통해 사회적인 이질감과 빈부 격차를 조장한다면, 사회규범이나 도덕적 가치 기준 또한 흔들릴 수 있습니다. 필요 이상의 과시나 허영을 경계하자는 것입니다. 과유불급(過猶不及)이란 '지나침은 못 미침과 같다'는 뜻으로 정도가 지나치면 좋지 않은 결과를 낸다는 의미입니다.

톨스토이는 "가난을 줄이는 방법은 2가지다. 하나는 부자가 되는 길이고, 하나는 욕망을 줄이는 것이다"고 했습니다. 괴테는 "인간의 노력에는 여러 가지가 있다. 하지만 이 세상의 가장 큰 행복과 가장 값진 보물은 선량하고 쾌활한 마음이다"라고 했습니다. 이는 위선적인 행위나 과시를 통한 자기만족보다는 늘 선한 마음으로 밝은 내면을 만들어가는 것이야말로 진정한 행복과 참된 가치를 얻는다는 의미입니다. 검소한 마음가짐과 근검절약하는 생활 태도를 가지고 성실히 하루하루를 살아가야 할 것입니다.

044

/

당당하게 말하는 사람이 성공한다

어진 사람이야말로 남을 좋아할 수도 있고
남을 미워할 수도 있다.

인자능호인 능오인 仁者能好人 能惡人

– 《논어》〈리인〉

"어진 사람이라야 남을 좋아할 수도 있고 남을 미워할 수도 있다. 어진 사람은 좋은 것은 좋다고, 나쁜 것은 나쁘다고 떳떳이 말할 수 있는 공평한 태도를 지니고 있다. 그러므로 어진 사람은 사람을 사랑하고 친절히 대하는 한편 사람을 미워하기도 하는데, 사람의 악함을 미워하는 것이다."

"오직 인자만이 선악을 판단할 수 있다"는 의미와 같습니다. 남을 좋아하고 미워하는 것은 일종의 감정입니다. 하지만 좋은 쪽이든 안 좋은 쪽이든 한 가지 감정에 치우쳐 분별력을 잃으면 사람을 보는 안목은 떨어지게 마련입니다. 공자는 "선과 악에 대한 판단 기준과 가치는 오직 어진 이의 책임감 있는 판단력에 근거할 수 있다"고 주장했습니다.

부끄럽지 않게 당당히 자신의 주장과 내면의 의지를 피력할 수 있는 사람은 두려움이나 거짓됨이 없어서 사람에 대한 선입견이나 편견을 내려놓고 말할 수 있습니다.

우스갯소리로 사람들 마음속에는 두 마리의 개가 있는데, 바로 '편견과 선입견'이라고 합니다. 마음 안에 교만과 아집이 가득하면 두 마리 개가 본격적으로 나와서 활동하게 됩니다. 제대로 알지도 못하는 상태에서 판단력이 쉬이 흐려지면, 이성적인 판단보다 일시적인 감정에 치우쳐 사리분별(事理分別) 능력이 떨어집니다. 상대의 본심을 읽을 수 있는 여유와 이해심이 떨어지는 것입니다.

소크라테스는 '너 자신을 알라'고 말했고, 베이컨은 '아는 것이 힘이다'라고 말했습니다. 두 문장을 합하면 '너 자신을 아는 것이 바로 힘이 된다'고 할 수 있습니다. 괴테는 "남의 좋은 점을 발견할 줄 알아야 한다. 그리고 남을 칭찬할 줄도 알아야 한다. 그것은 남을 자기와 동등한 인격으로 생각한다는 의미다"라고 타인의 좋은 점을 보는 긍정적인 관점과 칭찬의 미덕을 강조했습니다. 또한 그는 "누가 가장 행복한 사람인가? 남의 장점을 존중해주고 남의 기쁨을 자기의 것인 양 기뻐하는 사람이다"라고 했습니다.

책임감이 강한 사람은 다른 사람이 저지른 잘못을 책망할 수도 있고 또한 자기 의무를 다한 사람만이 자신의 권리를 당당히 주장할 수 있습니다. '똥 묻은 개가 겨 묻은 개 나무란다'는 속담이 있습니다. 자신의 큰 허물은 생각하지 않고 남의 작은 허물을 비웃는다는 뜻입니다. 다른 사람의 잘못을 들추기 전에 자신의 잘못이나 허물은 없는지 먼저 되돌아보아야 합니다.

045

때와 상황을 알면 성공의 속도가 빨라진다

중용이란 때에 알맞게 취하는 것이다.

군자이 시중 君子而 時中
《중용》〈2장〉

"진정한 중용이란, 그 때와 경우에 알맞은 중용을 취하는 것이다. 높은 것과 낮은 것의 중간을 취하고, 강한 것과 약한 것의 중간을 취한다. 이러한 행위도 하나의 중용이기는 하지만, 그렇게 되면 좋은 것과 나쁜 것의 중간을 취하는 것이 중용인가, 하는 오해도 생긴다. 진정한 중용은 '때에 알맞게 하는 것[時中]'으로, 때와 상황에 따라 행동하는 것이다. 예를 들어 탁자는 탁자의 가운데가 있으며, 방에는 방의 가운데가 있는 것과 같다. 군자는 그 시중

(時中)을 지향한다."

'마음 내키는 대로 행동해서는 안 된다'는 뜻으로 행동도 때가 있다는 것입니다. 모든 것에는 반드시 적시(適時)가 존재하며, 때가 왔을 때 집중해야 합니다. 때는 시간뿐만 아니라 사람의 처지나 환경을 모두 포함합니다. 군자가 때에 알맞게 행동한다는 것은 사회의 법률이나 도덕, 주위의 모든 사정에 가장 알맞게 행동한다는 의미입니다. 시중(時中)은 중화(中和)와도 일맥상통하는 의미로서, '중용(中庸)처럼 살기를 노력하라'는 의미도 포함하고 있습니다.

'중(中)'은 어느 한쪽으로도 치우치지 않는다는 것이며, '용(庸)'은 평상(平常)을 뜻합니다. 상황에 적절히 맞춰서 산다는 것이 결코 쉬운 일은 아닙니다. 예로부터 군자는 중용과 시중이라 하였고, 소인은 반중용(反中庸)과 무기탄(無忌憚)이라 하였습니다. 무기탄이란 '아무 꺼릴 바가 없음'을 의미합니다. 사람은 '자아(自我)와 비자아(非自我)'가 화합하기도 하고 대결하기도 하는데, 화합할 때 화합하고 대결할 때 대결하는 것이야말로 시중이라고 했습니다.

어떠한 일을 도모함에 있어 어느 한쪽으로 치우치거나 시기를 놓치지 않으려면 스스로를 잘 다스릴 줄 알아야 합니다. 또한 정성을

단 한 번밖에 살 수 없다면 인문고전을 읽어라

다해 일을 수행함을 원칙으로 하되, 자신이 원하는 방향으로 만들어갈 수 있는 지혜가 필요합니다. 미국의 소설가 어니스트 헤밍웨이는 "움직임과 행동을 혼돈하지 마라"는 말을 통해 어떠한 동기나 목적 의식 없이 의도하지 않은 행위를 하는 것의 위험성을 강조했습니다.

'목표 지향적인 삶'이란 단순한 움직임이 아닌, '실천하는 행동력'에서 나오는 것임을 잊지 말고 늘 시중에 맞는 처신을 해나가야 할 것입니다.

046

성공은 속도보다 방향이 중요하다

길을 다닐 때는 지름길만 찾아다니지 않는다.

행불유경 行不由經

-《논어》〈옹야〉

"큰길을 똑바로 나아가는 것이 바람직하다. 그것은 비록 멀리 돌아가는 것처럼 보일지라도 평탄하고 올바른 길이다. 이와는 반대로 가까운 길로 보이고 변화의 매력을 가지고 있더라도 작은 길은 얼마 못 가서 막다른 곳에 다다른다."

자유(子遊)가 한 말로서 지름길이나 뒤안길을 취하지 않고 큰길로 나아간다는 것은 '행동을 공명정대하게 함'을 비유한 말입니다.

자유는 공자의 제자로 공문십철(孔門十哲, 공자가 말한 우수한 제자)에 속하며, 자하(子夏)와 더불어 문학에 뛰어난 재능을 보였습니다. 그가 노(魯)나라에서 벼슬하여 무성(武城)의 재상으로 임명되었을 때의 일입니다. 공자는 사랑하는 제자가 벼슬을 하게 되자, 일하는 모습도 볼 겸 축하도 할 겸 직접 무성으로 찾아갔습니다. 공자는 자유에게 "일을 잘하려면 좋은 협력자가 필요하다. 네게도 아랫사람 중에 훌륭한 인물이 필요할 텐데 쓸 만한 인물이 있느냐?"라고 물었습니다. 그러자 자유가 "예, 안심하십시오. 성은 담대(澹臺), 이름은 멸명(滅明)이라는 사람이 있습니다. 이 사람이야말로 훌륭한 인물로서 언제나 천하의 대도를 갈 뿐, 결코 지름길이나 뒤안길을 가지 않습니다. 정말 존경할 만한 훌륭한 인물입니다"라고 대답했습니다. 이때 공자는 기뻐하면서 훌륭한 인물을 소중히 대하라며, 제자를 격려했다고 합니다.

목적지까지 빨리 도착하려면 지름길로 가야 합니다. 그러나 지름길이라 하여 좁은 길로 가다가는 막다른 길에 이르기 쉽습니다. 지름길이란 '빠르고 올바른 길만은 아니라는 사실'을 알아야 합니다. 여기서 말하는 지름길이란 불필요한 반칙과 편법, 특권 같은 비합리적인 행위를 뜻합니다. 발 빠른 행동이 일체의 부정이나 거짓 없이 공명정대한가에 대한 성찰이 반드시 필요하다는 의미입니다.

047

부와 성공을 끌어당기는 열정의 힘

●　　　　　　　　　　　　　　　　　　　　●

어떻게든 해보겠다는 열정마저 없다면 가르침도 소용없다.

불분불계 不憤不啓

－《논어》〈술이(述而)〉

●　　　　　　　　　　　　　　　　　　　　●

"열정이 없는 자에게는 결실이 없다. 가르침을 받는 쪽에서 더욱
더 이해하려고 애써 추구하는 열정이 없다면 더 깨우쳐주고 가르
쳐도 소용없다."

분발하지 않으면 계도(啓導, 남을 깨치어 이끌어줌)하지 않는다는 의
미입니다. 스스로 터득하려고 무던히 애쓰는 사람이 스승의 가르
침으로 미묘한 이치에 통달할 수 있음을 이르는 말입니다.

공자는 "학생이 가슴에 궁금한 것이 가득 차서 답답해하는 상태가 되지 않으면 나는 그를 계도해주지 않고, 학생이 표현해내지 못해서 더듬거리는 상태가 되지 않으면 나는 그를 일깨워주지 않으며, 한 방면을 가르쳐주면 나머지 세 방면을 스스로 알아서 반응을 보여야지 그렇지 않으면, 나는 반복해서 그를 가르쳐주지 않는다"고 말했습니다.

'불분불계(不憤不啓)' 다음으로 공자는 '불비불발(不悱不發)'을 이야기했습니다. '비(悱)'는 알고 싶은 내용이 잘 이해되지 않아 마음을 애태우는 것을 말하니, 가르침을 받은 후에도 완전히 이해하려고 애태우며 더 심화시키려고 노력하지 않으면 핵심을 말해주지 않는다는 뜻입니다.

참된 교육의 가치는 주입식 교육이 아닌 창의성을 키우고 스스로 배움과 학문의 열의를 가질 수 있도록 하는 것입니다. 아무런 의지도 없이 주어지는 교육을 대충 따라 하는 사람을 굳이 애써 가르칠 필요 없습니다. 목마른 사람에게 물을 주면 감사함을 느끼지만, 목마르지 않은 사람은 물의 필요성조차 느끼지 못합니다.

배움의 의지가 약한 사람들은 회사나 직장 상사에게 더 이상 배울 것이 없다며 불평불만을 늘어놓기 일쑤입니다. 그러한 사람들에게 직장 내 부하직원이나 교육이 필요한 신입사원들에게 회사 방침과 필수 교육 등을 맡긴다면 과연 그 역할을 잘해낼 수 있을까요? 배움을 향한 끝없는 열정과 좋은 결실을 맺기 위한 노력을 지속해나가는 것이 그 무엇보다 중요합니다.

프랑스의 시인이자 신학자 알랭 드 릴은 "다리를 움직이지 않고는 아무리 좁은 도랑도 건널 수 없다. 소원과 목적은 있으나 노력이 뒤따르지 않으면 어떤 좋은 환경도 소용없다"라고 했습니다. 자기 분야에서 최고가 되기 위한 열정적인 노력과 스승의 가르침을 통해 깨우침을 얻고자 애태우는 '불분불계'의 인재가 되도록 해야 합니다.

048

성공의 길에서 함께 가야 할 사람들

맨손으로 호랑이를 때려잡고 맨몸으로 강을 건너며
죽어도 후회하지 않는 자와는 함께하지 않을 것이다.
포호빙하 사이무회자 오불여야 暴虎憑河 死而無悔者 吾不與也
─《논어》〈술이〉

"호랑이에게 맨손으로 덤비고 강을 걸어서 건너간다는 식의 분별
없는 행동을 해서 끝내 목숨까지 버려도 상관없다는 것은 참으로
무모한 인간이다. 나는 그런 사람과는 행동을 같이할 수 없다."

공자가 안연에게 말했습니다. "등용되면 나아가서 행동하고 버
려지면 물러나서 들어앉는다는 말은 오직 나와 너만이 할 수 있는

일이니라." 그러자 자로가 묻기를 "선생님이 삼군을 통솔하신다면, 누구와 함께하시겠나이까?" 하니, 공자는 "맨손으로 호랑이에게 덤비고 하수(河水)를 맨발로 건너려 하며 죽어도 후회하지 않는다고 하는 자와는 같이하지 않을 것이다. 반드시 어려운 일에 임하여서는 두려워하며, 미리 계획을 세워서 성공하는 사람과 함께할 것이니라"고 말했습니다.

삶에 있어 위험한 순간이나 뜻하지 않게 벌어진 상황, 뭔가를 보여줘야 할 시점에서 필요한 것이 있습니다. 바로 용기인데, 그러한 용기에서 비롯되는 것이 바로 대담함입니다. 하지만 그 용기가 지나쳐 객기로 바뀌면 대담함도 무모함으로 바뀝니다.

무모한 행위를 일삼으면, 사람의 성향도 대체로 포악해지거나 물불 안 가리게 됩니다. 위험성을 모르고 자만심이나 만용, 조급함으로 큰 손해를 보고, 주변 사람들에게도 결국 큰 피해를 준다는 것입니다. 하지만 정작 본인은 문제의 심각성을 인지하지 못하다 잘못되고 나서야 사태를 인식하고 후회합니다.

마키아벨리는 《군주론》에서 이렇게 말했습니다. "무슨 일에서나 선을 내세우고자 하는 사람은 악한들 속에서 파멸을 면치 못할 것이다. 그래서 권력을 유지하려는 군주는 선하기만 해서도 안 되고 악인이 되는 법도 알아야 하며, 또한 그들의 태도를 따라 행동을 임의로 통제할 줄 알아야 한다." 스피노자는 《에티카》에서 "대담함이란, 사람들이 맞서기 두려워하는 위험을 무릅쓰고 어떤 일을 하고자 하는 욕망이다"라고 말했습니다.

위기를 감내해야 할 상황이라면 무모한 객기가 아닌 현명한 판단력과 지각, 제대로 된 용기로서 보여줄 수 있어야 할 것입니다.

049

적절한 성공의 가치를 깨달아라

즐거움이 또한 자신의 믿음 그 가운데 있다.

낙역재기중의 樂亦在其中矣

– 《논어》 〈술이〉

"행복은 빈부에 의해 정해지는 것이 아니다. 비록 술 대신 물을 마시는 생활일지라도, 자기가 믿는 길을 따라 살아가는 자에게 는 그런 가운데서도 자연의 즐거움이 있다."

"도에 뜻을 둔 선비는 부귀를 배척하지는 않지만, 그렇다고 구차 스럽게 얻으려 하지도 않는다. 부유하고 영달하는 것은 천명에 맡 기고 자신은 묵묵히 큰 도(道)를 간직하고 인(仁)에 머물고 의(義)를 실천하면서 살아가는데, 여기서 '긍지와 행복'을 느끼는 것이다. 저 사람이 부유함으로써 나를 대하면 나는 어진 덕성을 가지고 상대하고, 저 사람이 귀한 권세로써 나를 대하면 나는 의로움을 가지고 상대한다"라고 공자가 말했습니다. '도는 인이요, 인은 평안한 집이다. 인에 머물고 인을 지니고 있으면 진정한 부자가 되고 진정한 귀함을 누리는 것이다. 군자의 행복은 바로 여기에 있다'는 의미입니다.

과거 청빈한 선비의 모습에서 도를 실천하며, 당당히 살아가는 대장부 기상을 호사롭게 표현한 말이 있습니다. 바로 안빈낙도(安貧樂道), 즉 "나물 먹고 물 마시며 팔을 베고 누웠으니, 대장부 살림살이 이만하면 족하도다!"라는 것입니다. 공자는 비록 가난할지언정 '마음 편히 자신을 믿고 사는 삶의 가치'를 이야기하고 있습니다. 또한 '불의이부차귀(不義而富且貴) 어아여부운(於我如浮雲)'이라 하여 "의롭지 못하게 부귀를 얻어 누리는 것은 나에게는 뜬구름과도 같도다"라는 말로 '청빈한 삶의 가치'를 잘 표현하고 있습니다.

예나 지금이나 물질세계의 풍족이 정신세계까지 풍족하게 만드는 것은 사실입니다. 그렇다고 해서 부정한 방법이나 편법, 의롭지 못한 수단을 이용하여 부귀를 얻는다면, 과연 이 또한 스스로 마음

편하게 살 수 없을 것입니다.

 '군사의 통솔 능력'을 말하는 다다익선(多多益善)이 오늘날에는 '다
방면에서 많으면 많을수록 좋다'는 뜻으로 두루 쓰이고 있습니다.
'갖출 것을 다 갖추고 살면, 아쉬울 것도 없어서 좋다'는 뜻입니다.
하지만 사람의 욕심이란 한도 끝도 없으므로 과욕을 부리지 않고
자신의 처지에 맞게 처신할 때 진정한 행복을 얻을 수 있습니다.

050

/

그 어떤 두려움도 이겨내는 열의의 힘

**열의를 가지고 정진을 계속하면
늙음이 다가옴도 느끼지 못한다.**

부지로지장지 不知老之將至
- 《논어》 〈술이〉

"열의를 갖고 정진을 계속하면 근심 걱정 따위는 깨끗이 잊어버리게 된다. 나이를 먹고 인생의 종말이 다가온다는 등은 조금도 걱정되지 않는다."

공자가 자신의 실제 행동을 말한 것이라고도 전해집니다. 시간가는 줄도 모르고 나이를 잊고 사는 데 가장 필요한 것은 바로 집중과 몰입입니다. 무엇이든 하고자 하는 열의와 신념으로 일에 몰두하고 집중하면, 그 시간만큼은 자기 자신을 위해 가치 있게 사용한 것이므로 충분히 만족스러울 수 있습니다.

"걱정을 해서 걱정이 없어지면 걱정이 없겠네"라는 티벳 속담이 있습니다. 마음과 의지를 교란시키는 근심 걱정 탓에 대부분의 사람들은 불안과 더불어 무언가에 집중하기 힘듭니다. 뭔가를 하고자 하는 의욕도 상실하게 됩니다.

요즘은 시간의 중요성을 부각시키기 위한 시테크가 강조되고 있습니다. 시테크란, 시간을 돈으로 인식하고 효율적으로 사용하기 위한 구체적인 계획을 세워 관리하는 것을 말합니다. 효율적인 시간 경영이 쉽지만은 않겠지만, 한 치 앞도 모르는 불안한 인생에서 반드시 필요한 자기경영의 기본입니다.

미국의 대통령이었던 링컨은 "나에 대한 비판에 일일이 변명하느니 차라리 다른 일을 시작하겠다. 나는 최선의 방법으로 목표를 향해 최선을 다할 따름이다. 최후까지 그렇게 할 결심이다. 결과가 좋다면 나에 대한 악평쯤이야 아무 문제 되지 않으리라. 만일 결과가 좋지 않다면 10명의 천사가 내가 옳음을 증언한다 해도 아무 효과 없을 것이다"라고 말했습니다. 그는 자신이 하는 일에 대한 신념과 굳은 실천 의지를 가지고 누가 뭐라고 하든 최상의 결과로 자신의 능력을 충분히 보여주었습니다.

나폴레옹은 "아무것도 두려워하지 않는 사람은 모두가 두려워하는 사람만큼이나 강한 힘을 가졌다"라고 말했습니다. 남의 비판이 두려워 자신이 진정 가야 할 길을 제대로 가지 못하는 사람은 어리석고 무능한 사람입니다. 자신의 목표와 성공 의지가 명확하다면, 주위의 어떠한 비판에도 의연히 대처하고 언제든 그 상황을 슬기롭게 극복해낼 수 있습니다. 신을 믿고 실패에 대한 두려움 따위는 잊은 채 열의와 열정으로 당당히 살아갈 수 있습니다.

사람은 유혹에 쉬이 흔들리고 남의 언변에도 속아 넘어가기 쉬운 나약한 존재입니다. 하지만 남의 말에 흔들리지 않는 기개와 주변 환경에 휘둘리지 않는 결단력을 갖고 온전히 자신의 일에 집중할 때, 비로소 최상의 결과를 얻을 수 있습니다. 무엇을 하든 시간은 흘러갑니다. 자신에게 주어진 시간을 기쁘게 자신의 것으로 만들기 위한 의미 있는 노력을 게을리하지 말아야겠습니다.

人文古典

PART 03

인생에
플러스가 되는
사람을 만나라

051

/

변화는 받아들이되 마음은 한결같이

변하지 않는 마음을 지닌다는 것은 어려운 일이다.

난호유항의 難乎有恒矣

- 《논어》 〈술이〉

"착한 사람일 수는 없을지라도 적어도 변하지 않는 마음을 지닌 사람이 되어야 한다. 누구나 어제와 오늘의 언동이 다르고 겉을 꾸미며 자기 자신을 기만하는 생활을 보내고 있다. 한결같이 변하지 않는 마음을 지니는 것이 얼마나 어려운 일인가?"

공자는 "성인(聖人)은 내가 만날 수 없을 테니, 군자(君子)다운 사람을 만날 수 있으면 좋겠구나!"라며 이렇게 말했습니다. "선한 사람은 내가 만날 수 없을 테니, 항심을 가진 사람을 만날 수 있으면 좋겠구나! 없으면서 있는 체하고, 텅 비었으면서 꽉 찬 체하고, 가난에 허덕이면서 풍족한 체하면 항심(恒心)을 갖기 어려우니라!" 쉬이 변하지 않는 평상심과 '체'하지 않는 평정심을 강조한 것입니다.

공자는 어리석은 3가지를 삼치(三痴)라고 했습니다. 첫째는 '없어도 있는 체'하는 망이위유(亡而爲有), 둘째는 '비었어도 가득한 체'하는 허이위영(虛而爲盈), 셋째는 '적으면서도 많은 체'하는 약이위태(約而爲泰)입니다. 이런 어리석은 자들은 항심을 갖기 어렵다고 했습니다.

결코 변하지 않는 것은 '변하지 않는 것이 없다는 진리 그 자체뿐'이라는 말이 있듯이 항심을 갖고 살아가기란 쉽지 않은 일입니다. 특히 정치권에서는 수시로 당적을 옮기고, 직장 또한 자신의 이권에 따라 수시로 바꾸는 사람들도 늘어나고 있습니다. 이것을 시대적 상황에 맞게 잘 처신하는 것이라고 여깁니다.

항심을 지닌 사람은 마음이 한결같은 사람입니다. 하지만 결코 변화하지 않는 우직한 마음을 의미하기보다 삼치와는 무관한 자로서 '스스로를 잘 지켜가는 자'를 뜻합니다. 한결같은 마음을 가지되 매일매일 새롭게 태어난다는 마인드로 스스로 변화 발전해나가야 합니다.

미국의 영화기획자 앨런 코헨은 "익숙하고 안정된 것처럼 보이는 것을 버리는 일이나 새로운 것을 포함하는 일은 많은 용기를 필요로 한다. 그러나 더 이상 의미 있는 것 중에 진정한 안정이란 없다. 모험적이고 흥분되는 것에 더 많은 안정이 있다. 움직이는 것에 생명이 있으며 변화하는 것에 힘이 있다"고 말했습니다. 변화를 두려워하지 않고 나아감에 있어서 '어제와 다른 성숙한 자신에게 익숙해지라'는 뜻입니다. 겉치레로 자신과 주위를 기만하기보다 내실을 기하고 스스로를 지켜가야 합니다. 이때의 항심이란 결코 흔들리지 않는 마음이 아니라, 잠시 휘둘렸다가도 언제든 다시 자신에게 돌아올 수 있는 마음입니다.

단 한 번밖에 살 수 없다면 인문고전을 읽어라

052

/

탁월함은 꾸준한 습관에서 나온다

싹이 나도 피지 못하는 꽃이 있고
꽃은 펴도 열매를 맺지 못하는 것도 있다.

묘이불수자유의부 수이불실자유의부
苗而不秀者有矣夫 秀而不實者有矣夫
−《논어》〈자한(子罕)〉

"싹 중에는 발아를 하더라도 이삭도 나오지 않고 꽃도 피지 않는
것이 있다. 또한 모처럼 이삭이 나와도 열매를 맺지 못하고 끝나
는 것도 있다. 이와 마찬가지로 열 살 때 신동(神童)이라 불렸어도
서른 살에 가서 평범한 사람으로 끝나는 자도 있다."

'뭐든지 시작했다면 중도에 그만두지 말고 끝까지 노력할 것'을

비유적으로 표현한 것입니다. 비슷한 사자성어로 자강불식(自强不息)이 있습니다. '오직 최선을 다하여 힘쓰고 가다듬어 쉬지 아니하며, 수양에 힘을 기울여 게을리하지 않는다'는 뜻입니다. 매우 높은 학식과 덕행을 가졌거나 높은 관직에 있는 군자라도 이를 본받아 스스로 몸과 마음을 단련하고 지혜와 품성, 도덕을 닦는 데 힘써야 한다는 것으로, 《주역》에서 자강불식은 '스스로 노력하며 멈추지 않는다'는 의미입니다.

단시간에 빨리 끝내는 공부는 뇌리에 오래 남지 않습니다. 전 세계적으로 조기교육 열풍이 뜨거운 우리나라이지만 기초과학 분야에서는 노벨상 수상자를 단 한 명도 배출하지 못했습니다. 또한 많은 영재들이 미국 아이비리그에 입학하지만 세계적인 기업을 창업한다거나 명성을 드높인 이들이 거의 없다는 사실에도 주목해야 합니다. 처음에 가졌던 열정과 의욕 넘치던 패기를 끝까지 유지하기가 결코 쉽지만은 않습니다.

어릴 적부터 영재 소리를 들어가며 기대가 컸던 인물이 그저 평범한 성인으로 살아가는 경우가 있습니다. 또한 실패를 거듭하다가도 중년에 이르러 성공한 사람도 있습니다. 한번 시작했으면 끝을 보겠다는 굳은 의지와 꾸준함으로 정진한다면 분명 원하던 성

단 한 번밖에 살 수 없다면 인문고전을 읽어라

과를 이룰 수 있습니다.

　아리스토텔레스는 "탁월함은 훈련과 습관이 만들어낸 작품이다. 탁월한 사람이라서 올바르게 행동하는 것이 아니라, 올바르게 행동하기 때문에 탁월한 사람이 되는 것이다. 현재의 우리는 우리가 반복적으로 하는 행동의 결과이다. 즉, 탁월함은 행동이 아니라 습관이다"라는 말을 남겼습니다.

　진정한 성공을 원한다면, 좋은 습관을 빨리 받아들이고 나쁜 습관은 버려야 합니다. 나태한 습관과 나약한 마인드를 꾸준한 습관과 무엇이든 해낸다는 자신감으로 바꾸었을 때, 우리는 비로소 스스로의 가치를 만들어갈 수 있습니다.

053

사람의 진면목을 알아보는 법

날씨가 추워진 다음에야 비로소 소나무와 잣나무가
다른 나무들보다 더 늦게 시든다는 사실을 알 수 있다.

세한 연후지송백지후조야 歲寒 然後知松柏之後彫也

─《논어》〈자한〉

"겨울이 되어야만 비로소 소나무와 잣나무가 얼마나 굳게 푸르름을 지니고 있는지를 알 수 있다. 인간도 역시 중대한 일에 처해야 비로소 그 진가를 나타낸다."

예로부터 설 전후로 한겨울의 추위가 오는데, 이것을 세한(歲寒)이라 하고, 후조(後彫)는 '시들지 않는다'는 뜻입니다. 공자는 이를

"엄동설한(嚴冬雪寒)이 되어야 비로소 소나무와 잣나무의 절개(節概)를 알 수 있다"라고 한 것입니다. 겨울이 오기 전에 대부분의 나뭇잎들은 낙엽이 되어 떨어지지만, 상록수인 소나무와 잣나무는 늘 푸른 잎을 가지고 있습니다.

나무와 마찬가지로 사람도 삶의 조건이 좋을 때는 즐거움을 향유하지만, 조건이 나빠지면 살아가는 방법이 달라집니다. 힘든 역경과 고난을 당해보아야 진정한 마음의 벗이나 참된 지인을 알 수 있다는 것과 같은 맥락입니다. 《명심보감》에서도 "주식형제(酒食兄弟)는 천 개이지만, 급난지붕(急難之朋)은 일개무"라고 일갈했습니다. "술자리에서 형님 아우는 헤아릴 수도 없이 많지만, 위급한 일을 당했을 때는 도와줄 진정한 친구가 단 한 명도 없다"는 뜻입니다. 그래서 예부터 술자리 친구들 속에서 우정을 찾기란 연목구어(緣木求魚), 즉 '나무에 올라 물고기를 찾는' 격으로 어리석은 행위라고 했습니다.

단지 눈에 보이는 것만이 전부는 아닙니다. 살아감에 있어 때론 가식적인 속임수나 겉포장에만 익숙해져서 내면의 진정성을 모르고 지나가는 경우도 허다합니다. 사물이든 사람이든 본연의 진가를 모른 채 쉽게 판단하고 평가하는 경우가 많습니다.

'열 길 물속은 알아도 한 길 사람 속은 모른다'는 속담이 있습니다. 그만큼 사람의 속마음을 알기란 어려운 일이며, 그 사람의 진가(眞價)는 역경을 당해봐야 비로소 알 수 있습니다. 조건이 좋을 때와 나쁠 때의 상황은 천지 차이임을 알고 사람을 판단해야 합니다.

사물을 정확히 인식하고 사람을 잘 판단하고 인지하는 능력과 보는 눈을 키워야 합니다. 항상 '눈에 보이는 것만이 전부가 아님'을 알고 사람의 진면목(眞面目)을 볼 줄 알아야 합니다. 그렇게 되기 위해서는 자신부터 먼저 필요한 사람이 되어야 합니다. 나의 도움이 필요한 사람이 있다는 건, 그만큼 나를 신뢰한다는 뜻입니다.

뉴질랜드의 소설가 캐서린 맨스필드는 "나중에 내게 여유가 생기면 그걸 함께 나눌 수 있기를 바라며, 지금 내가 처한 어려움을 함께해달라고 네게 부탁하는 것은 내가 너를 친구로 여기기 때문이다"라고 말했습니다.

인간은 본래 나약한 존재입니다. 누군가에게 도움을 요청하거나, 그 도움을 받아들이는 것 자체가 상대를 특별한 존재로 여기고 있다는 증거입니다. 갈수록 힘들고 어려워지는 세상에서 송백(松柏)의 절개를 갖춘 사람이 되어 세상 이치에 어긋남 없이 당당히 살아가야 할 것입니다.

단 한 번밖에 살 수 없다면 인문고전을 읽어라

054

가까울수록 엄격하게, 멀수록 관대하게

재주가 있든 없든 누구나 자기 자식을 두둔한다.

재부재 역각언기자야 才不才 亦各言其子也

– 《논어》〈선진(先進)〉

"아이에게 재능이 있든 없든 부모는 자기 자녀를 귀엽다고 여기며 내 자식 위주로 생각한다. 이것이 사람들의 일반적인 감정이다."

공자의 제자였던 안연(안회)이 죽자 그의 부친 안로가 공자의 수레를 처분하여 그 돈으로 그의 덧널을 만들어달라고 청하자 공자가 말했습니다. "잘났거나 못났거나 그래도 각자 자기 아들을 가지고 이야기하게 마련이네. 내 아들 리(鯉)가 죽었을 때도 속널만 있고 덧널은 없었으니, 내가 걸어 다니면서까지 그에게 덧널을 만들어주지는 않았던 것이네. 나는 대부의 말석에 있었기 때문에 걸어다닐 수가 없다네." 안연은 공자가 가장 총애했던 제자로 32세의 젊은 나이에 명을 달리하자 공자가 매우 애통해했습니다. 그러나 공자는 '개인적인 정으로 인하여 예(禮)에 어긋나는 일을 할 수 없다'는 엄격한 태도를 취했습니다.

자식을 야단치고 꾸중한다고 해도 아끼고 사랑하는 본심은 늘 변함없습니다. '열 손가락 깨물어 안 아픈 손가락이 없는 법'입니다. 자신의 혈육은 다 귀하고 소중한 존재이기에 비불외곡(臂不外曲), 즉 '팔이 밖으로 굽지 않고 안으로 굽는 것'은 당연한 이치입니다.

하지만 경우에 따라서는 그러한 감정들이 특혜가 되어 민심을 자극하거나 공정성을 위배하는 경우가 생긴다면, 설령 의도는 불손하지 않았다고 한들 좋지 않은 결과를 낳을 수 있습니다. 사사로운 감정에 이권이 개입되면, 그로 인해 다른 누군가는 꼭 피해를 보게 됩니다. 더욱이 자식과 관련되었다면, 판단이 흐려져 더욱 좋지 않은 결과를 낼 수 있습니다.

프랑스의 작가 앙드레 모루아는 "자신의 소망과 부합하는 일은 쉽게 믿지만, 그렇지 않은 것에 대해서는 오히려 불쾌감을 느낀다"

단 한 번밖에 살 수 없다면 인문고전을 읽어라

고 합니다. 지극히 주관적인 속성 탓에 문제를 냉정하게 바라보고 객관적인 해결책을 찾기가 쉽지 않습니다. 특히 자식 문제와 같은 민감한 사안에 대해서는 냉정하고 현명한 판단을 내리기가 더욱 어렵습니다. 공사(公私) 구분을 하지 못하는 사람이 아니라, 냉철한 판단과 용단(勇斷)으로 예와 도덕을 먼저 실천하는 사람이 되어야 하겠습니다.

055

/

행복을 즐기듯 성공을 즐겨라

●　　　　　　　　　　　●

**삶에 대해 제대로 알지 못하면서
어떻게 죽음에 대해 알 수 있겠는가.**

미지생 언지사 未知生 焉知死
- 《논어》〈선진〉

●　　　　　　　　　　　●

"아직 살아 있는 인간의 도리조차 깨닫지 못하는 자가 어찌 인간

의 죽음에 대해 알 수 있겠는가? 죽음을 알려고 하기 전에 우선

삶에 대해 먼저 알아야 한다."

계로(季路)가 공자에게 귀신을 섬기는 문제에 대하여 물으니, 공

자가 "사람을 섬기는 것도 잘하지 못하는데 어찌 귀신을 섬기겠느

냐?"라고 대답했습니다. 그러자 계로가 다시 "그렇다면 죽음은 어떻습니까?"라고 되묻자 "아직 삶도 모르는데 어찌 죽음을 알겠느냐?"라고 응대했습니다. 공자는 삶에 관한 진지한 성찰과 함께 '죽음 이전의 삶을 받아들이고 진정한 깨달음을 얻고자 노력하라'는 의미로 말한 것입니다.

모든 사람은 값을 매길 수 없는 무한한 존재 가치를 가집니다. 따라서 인생을 낭비하는 사람은 행복이 무엇인지, 삶이 얼마나 소중한지 모른 채 생을 마감하게 될 것입니다. 살아가면서 한 번쯤은 진지하게 '성공과 행복에 관한 성찰'을 해봐야 합니다.

미국의 사상가이자 시인인 랠프 왈도 에머슨은 진정한 성공에 대해 이렇게 말했습니다. "자주, 많이 웃는 것, 현명한 이에게 존경받고 아이들에게 사랑받는 것, 정직한 비평가의 찬사를 듣고 친구의 배반을 참아내는 것, 아름다움을 식별할 줄 알며 다른 사람에게서 최선의 것을 발견하는 것, 건강한 아이를 낳든, 한 떼기의 정원을 가꾸든, 사회 환경을 개선하든 자기가 태어나기 전보다 세상을 조금이라도 살기 좋은 곳으로 만들어놓고 떠나는 것, 자신이 한때 이곳에서 살았음으로 해서 단 한 사람의 인생이라도 행복해지는 것, 이것이 '진정한 성공'이다."

누구나 성공한 삶을 꿈꿉니다. 그러나 진정한 성공은 출세나 막대한 부를 이루는 것, 혹은 명예나 권력을 가지는 것만이 아닙니다. 사람은 스스로 원해서 태어난 존재가 아닙니다. 하지만 태어나서 자랄 때까지 부모, 친인척, 이웃, 선생님, 친구, 선배 등 많은 사람들의 도움을 받습니다. 이러한 관계 속에서 행복과 성공을 꿈꾸며 살아갑니다. 그러므로 내가 받는 것보다 남에게 주는 것이 더 클수록 진정으로 성공한 삶에 가까울 수 있습니다.

"살아 있는 동안 행복하라. 죽어 있는 시간이 길 것이니"라는 스코틀랜드 속담이 있습니다. 일찍이 막심 고리키는 "일이 즐거우면 세상은 낙원이요, 일이 괴로우면 세상은 지옥이다"라는 말도 했습니다. 현재의 삶을 마냥 힘들게만 생각하지 말고 인생 자체를 즐기려는 마인드로 주어진 시간에 최선을 다해야 할 것입니다.

단 한 번밖에 살 수 없다면 인문고전을 읽어라

056

'아니'라고 당당하게 말해야 후회가 없다

북을 울려 죄를 성토하는 것이 옳은 것이다.

명고이공지가야 鳴鼓而攻之可也

－《논어》〈선진〉

"누가 보더라도 악이라고 단정할 수 있는 부정행위를 한 인간은 어떤 지위에 있든 개의치 말고 큰 소리로 부정을 비난하고 추궁해도 상관없다."

중국 춘추시대 노(魯)나라의 귀족 계씨(季氏), 즉 계강자(季康子)는 대대로 높은 관직에 올라 권세를 누렸는데, 노나라의 재상이 되자 그 재산이 늘어나 군주보다 많았다고 합니다. 귀족제도가 무너져가고 다시 봉건제도가 자리 잡아갈 무렵에는 귀족계급 안에서도 갈등이 일어났습니다.

계강자가 토지제도를 개혁하고 토지에 따라 조세를 받으려는 정책을 다시 펴나가자 공자는 이에 반대하였습니다. 그러나 공자의 제자로서 계강자의 가신인 염구(冉求)는 적극 찬성했습니다. 염구는 백성들에게 세금을 거두어들여 계강자에게 바침으로써 계강자의 재산이 점점 더 늘어났습니다. 이에 크게 화가 난 공자는 "염구는 이제 나의 제자가 아니니, 너희는 북을 울리며 그를 공격해도 좋다[求非吾徒也 小子鳴鼓而攻之可也]"고 말했습니다.

명고이공(鳴鼓而攻)이란 '북을 치며 공격하다'는 뜻으로 여러 사람들이 남의 과오를 공개적으로 비판하고 규탄하는 것을 비유하는 말입니다. 제자였던 염구가 계강자의 부정축재를 질타하기는커녕 거기에 편승해 도리어 악행을 도모하자, 공자는 공개적인 처단과 성토로서 크게 꾸짖었던 것입니다.

욕심이 지나치면 성공을 과신하게 되고 오만을 낳으며, 또 다른 과욕을 불러와서 결국에는 파멸에 이릅니다. 여기에서 빠져나올 수 있는 지혜는 과유불급에서 찾아야 합니다. 결국 '지나침은 미치지 못함'과 같다는 것입니다. 자신의 불찰과 악행은 지나고 나서 심판을 받았을 때 비로소 잘못을 깨닫고 후회하게 됩니다.

　남이 저지른 잘못이나 악행에 대해서는 엄벌에 처하기를 주저하지 않으면서도 자신의 잘못에는 관대하게 마련입니다. 좋은 물건을 보면 가지고 싶은 견물생심(見物生心)은 인간의 자연적 감정인 칠정(七情, 喜怒哀樂愛惡欲) 중 하나입니다. 물건을 보고 탐하는 마음이 생기는 것은 가히 인지상정이라 할 수 있습니다. 하지만 사람은 동시에 이성적 판단을 할 수 있기에 아무리 욕심이 나더라도 자신의 것이 아니거나 분수에 넘치는 것이라면 절제할 줄도 알아야 합니다.

　월영즉식(月盈則食), 즉 '달도 차면 기울게 마련'입니다. 욕심도 마찬가지입니다. 지나치면 되레 화를 부르게 됨을 알고 '내 돈 서 푼은 알고 남의 돈 칠 푼은 모른다'는 속담처럼 제 것만 중히 여기고 남의 것은 대수롭지 않게 여기는 마음도 경계해야 합니다. 남의 악행을 보고도 말리기는커녕 가담하여 이익부터 탐하는 행위는 사람의 도리가 아님을 명심해야 할 것입니다.

057

/

행복은 오는 것이 아니라 받아들이는 것이다

사랑하는 대상에는 살기를 바라면서
미워하는 대상에는 죽기를 바라니, 이것이야말로 의혹이다.

애지욕기생 오지욕기사 …… 시혹야
愛之欲其生 惡之欲其死 …… 是惑也
– 《논어》〈안연(顔淵)〉

"내가 좋아하고 사랑하기 때문에 그 사람이 언제까지나 건강하

길 빌고, 싫고 밉다고 느끼기 때문에 그 사람이 죽어버리면 좋겠

다고 생각한다. 사랑과 증오의 감정으로 이와 같은 생각을 갖게

되는 것은 인간의 이해 못 할 모습이다."

자장(子張)과 공자의 대화에서 나온 이야기입니다. 자장이 덕을

높이고 미혹(迷惑)을 판별할 수 있는 방법을 묻자 공자가 말했습니다. "충성과 믿음을 기본으로 삼고 행위가 예(禮)에 부합하는 것이 바로 덕(德)을 높이는 것이다"라며 이어서 했던 말입니다.

사랑은 소유가 아니라 서로를 지켜주고 즐거움을 함께 나누는 것임에도 사랑하는 사람을 자신의 소유물로 착각할 때 모든 비극이 시작됩니다. 특히 사랑하는 사이에서는 변덕스런 행태도 쉽게 발견됩니다. 자신의 요구나 바람이 잘 이뤄지지 않을 때, 사랑의 정도나 관계 자체를 의심하며 사랑을 재확인하는 것입니다. 그런 과정에서 지나친 사랑의 감정이 미움과 분노의 감정으로 언제든 돌변할 수 있습니다. 공자는 이러한 인간의 변덕스럽고 참기 어려운 감정의 미혹을 이겨내는 방법은 늘 예(禮)에서 찾고 스스로 덕(德)을 쌓는 것이라고 보았습니다.

진정한 사랑은 소유가 아닙니다. 애지(愛之), 즉 사랑하는 마음이 지나치면, 오지(惡之)하는 마음으로 바뀌어 상대를 못살게 굴거나 온갖 시기와 욕설, 모함 등 정반대의 감정으로 급변할 수 있습니다. 상대에 대한 배려와 이해, 포용과 지속적인 관심을 벗어나 오로지 '사랑 자체에 대한 소유욕'이 너무 지나치기 때문입니다.

스피노자는 《에티카》에서 "사랑이란 외부의 원인에 대한 생각을 수반하는 기쁨이다"라고 정의했습니다. '외부의 특정한 대상을 전제로 하는 기쁨'인 것입니다. 그러나 사랑의 행위는 쌍방 간에 이뤄질 때 진정한 기쁨의 절정을 만끽할 수 있기에 일방적인 사랑에는 늘 편애와 편견, 사고의 집착이 일어나 충만한 기쁨을 누리기 어렵습니다. 참지 못할 감정의 변화와 미혹으로 '애지'하는 마음이 '오지'하는 마음으로 언제든 변화될 수 있음을 명심해야 합니다.

차라리 '애지'하지 못할 바에는 그 사람을 떠나거나 잊으면 그만이니, '오지'하는 마음으로 스스로 불행을 키워가서는 안 될 것입니다. 상대를 미워하고 욕할수록 상대는 더 멀어져갈 것입니다.

데일 카네기는 "환경만으로 인간의 행불행이 결정되지 않는다는 것은 분명하다. 행불행은 이러한 환경을 어떻게 받아들이느냐에 따라 결정된다. '천국은 마음속에 있다'는 것은 그리스도의 말씀인데, 지옥 또한 마찬가지다"라고 말했습니다. 사랑과 관용으로 인한 행복도 증오와 분노에 따른 불행도 모두 '내 마음 안에 있음'을 늘 명심해야 할 것입니다.

단 한 번밖에 살 수 없다면 인문고전을 읽어라

058

/

평판에 걸맞은 실력을 쌓아라

이것은 소문만 무성한 것이지 통달한 것은 아니다.

시문야 비달야 是聞也 非達也

-《논어》〈안연〉

"평판뿐인 인물은 소문난 선비[聞士]이며, 통달한 선비[達士]나 통달한 사람[達人]은 아니다. 통달한 사람이란 정직할 뿐만 아니라 임기응변(臨機應變)할 수 있으며, 사람의 말이나 안색을 간파하는 총명함을 지녔고 사려가 깊으며 태도가 겸허한 인물을 말한다."

자장이 공자에게 "선비가 어떠하면 '달(達)'이라고 이를 수 있습니까?"라고 묻자 공자가 말했습니다. "네가 달이라고 말하는 것이 무엇인가?" 이에 자장이 "나라에 있어도 반드시 알려지고, 집 안에 있어도 반드시 알려지는 것입니다"라고 말하자, 공자는 "이것은 알려지는 것이지, 달이 아니다"라고 말했습니다.

자장은 '문(聞)으로 달(達)을 설명'하고 있는데, 주자는 이것을 '명예가 드러나고 알려지는 것'이라고 풀었습니다. 즉, 명성이나 명망을 의미하는 것입니다. 주자는 달(達)과 문(聞)은 비슷하지만, 다른 것으로서 진실과 거짓으로 나눌 수 있다고 말했습니다. 소문은 소문일 뿐 진정 진실이 아니라고 했을 때 그 달인의 경지는 '얄팍한 상술이나 거짓에 의한 덧없음'일 수 있다는 의미입니다. 대중의 입과 귀를 열고 가식과 허위가 아닌 지식과 진실을 잘 전달하기 위해서는 리더의 내면에서 우러나오는 총명함과 진정성 있는 태도가 우선되어야 합니다.

'소문난 잔치에 먹을 것 없다'는 말이 있습니다. 입소문이나 큰 기대에 미치지 못하여 실속 없는 경우를 일컫는 말입니다. 빈 그릇이 요란한 법입니다. 소문을 통해 그 사람의 인격이나 품성, 실력을 평가하고 달인이라는 평판을 내렸지만 실상은 기대에 못 미치는 인물이 많습니다. 소문을 통해 유명해지기를 바라며 진실을 왜곡하지 말라는 의미입니다.

단 한 번밖에 살 수 없다면 인문고전을 읽어라

요즘은 정책의 현실성이나 가치 판단, 옳고 그름 등 본래의 목적을 외면한 채 단지 일반 대중의 인기에만 영합하려는 정치인들이 많습니다. 이러한 현상을 포퓰리즘(populism, 인기영합주의)이라고 합니다. 비현실적인 선심성 정책을 내세워 대중을 호도하여 지지도를 이끌어내고 권력을 쟁취하려는 행태를 말합니다. 처음에는 이 또한 긍정적인 의미가 있었지만 정치 속성상 점차 이권 개입 및 쟁취를 위한 '눈 가리고 아웅' 하는 형태로 변질된 것입니다.

속이는 사람이 있으면 반드시 속는 사람이 있습니다. 실력을 제대로 갖춘 인물이라면 인기영합주의로 대중을 선동하거나 자신을 내세우지 않습니다. 막상 뚜껑을 열었는데 먹을 게 하나도 없는 빈 항아리라면 사람들의 실망감은 이만저만이 아닐 것입니다. 실속과 내실을 갖추지도 않고 보여주기식에만 집중한다면 오래가지 않아 미천함이 드러날 것입니다.

명불허전(名不虛傳)이란 익히 들은 대로 '명성이나 명예가 헛되이 퍼지지 않음'을 의미합니다. '뚝배기보다 장맛'이라는 옛말은 비록 겉모습은 허술해 보여도 실속 있음을 이르는 표현입니다. 사람들의 입에 오르내리기를 기대하기 전에 자신이 먼저 명불허전과 같은 존재가 되어야겠습니다.

059

/

살아 있는 지식을 습득하라

•   •

아무리 시를 많이 외운다 하더라도 또한 어디에 쓰겠는가.

수다 역해이위 雖多 亦奚以爲

— 《논어》 〈자로(子路)〉

•   •

"쓸모없는 것은 아무리 많아도 소용없다. 이와 마찬가지로 아무
리 많은 학문을 닦았어도 실제로 사용되지 않는 학문으로는 아
무것도 할 수 없다."

"《시경(詩經)》에 수록된 시 300편을 암송하면서도 그에게 정무를
맡겼을 때 달성하지 못하고, 사신이 되어 사방으로 나가 상대방과
단독으로 응대하지 못한다면, 비록 시를 많이 외웠다고 한들 무슨

소용 있겠느냐?"라고 공자가 말했습니다. 깨달음과 지식이 현실에서 적극 활용되어야 한다는 점을 역설한 것입니다.

당시에는 시를 많이 외울수록 처세를 터득할 수 있었습니다. 하지만 무작정 시만 많이 외운다고 해서 실천 방법까지 터득할 수는 없습니다. 시를 외우며 뜻을 깊이 생각하고 세상을 넓게 바라보는 안목을 키워야 비로소 마음의 눈이 열립니다. 시는 바로 이러한 마음의 소리이니 반드시 학습을 통한 배움이 우선되어야 하겠으나, 그것이 전부는 아니라는 점을 이른 것입니다.

어떠한 일을 추진함에 있어 실속이 없다면, 당연히 유명무실(有名無實)해지는 법입니다. '손해 보는 장사'라는 표현처럼 무의미한 것이 될 수도 있다는 뜻입니다. 이론과 실무는 엄연히 다른 영역이지만, 이론적인 부분을 잘 숙지하고 막힘없이 꿰뚫고 있는 상태라면, 실무적인 부분도 능히 해낼 수 있습니다. 하지만 배운 것을 제대로 써먹지 못하거나 익힌 것이 실무에 전혀 쓸모없다면 아예 시작하지 않는 것만 못할 수 있으니, 늘 '실전 경험의 중요성'을 염두에 두어야 할 것입니다.

배움이 배움 자체로만 끝난다면 별 의미가 없습니다. 실생활에 적용하고 응용하기 위해 지식을 습득했다면, 반드시 그로 인해 좋은 성과를 낼 수 있어야 합니다.

지금과 같은 정보화시대에 애써 배우지 않아도 인터넷 검색만으로 충분히 유용한 정보를 얻고 활용할 수 있습니다. 따라서 효율적인 시간 관리와 정보 관리를 바탕으로 이론 중심이 아닌 실무 능력을 배양하는 데 힘써야 합니다.

톨스토이는 "진정한 생활은 현재뿐이다. 따라서 현재의 순간에 최선을 다하는 데 온 정신을 기울여야 한다"는 말을 남겼습니다. 아직 오지 않은 미래를 염려하느라 현재를 놓치면, 현재도 미래도 제대로 살지 못하는 우(愚)를 범하게 됩니다. 현재 자신이 하고 있는 일에 대한 효율성을 점검하고 쓸데없는 업무들은 가지치기하듯 빨리 정리해나가야 합니다.

부질없이 바쁘게 보내면서도 뭐 하나 제대로 이루지 못하는 사람들이 많습니다. 자신의 잠재력을 미처 개발하지 못한 채 평생을 평범하게 살아간다면 마지막에는 후회가 남을 것입니다. 자신이 배운 지식과 실력을 토대로 실행함에 두려움이 없는 삶을 살아가야 할 것입니다.

단 한 번밖에 살 수 없다면 인문고전을 읽어라

060

한 걸음 한 걸음이 성공으로 이어진다

일을 빨리하고자 하면 제대로 할 수 없다.

욕속 즉부달 欲速 則不達

─《논어》〈자로〉

"정치를 할 때 성급히 서두르면 안 된다. 공명심 때문에 일을 서두
른다면 반드시 부주의한 사태가 생겨 결국은 할 수 없는 것이다."

자하(子夏)가 거부의 촌장이 되었을 때 정치에 관해 묻자 공자는
이렇게 대답했습니다. "성급하게 치적을 올리려고 하지 말라. 또
눈앞의 조그만 이익에 사로잡히지 말라. 성급하게 치적을 올리려
고 하면 반드시 실수하여 일을 달성할 수 없다. 조그만 이익에 눈

이 어두워지면 큰일을 성취하지 못한다. 무슨 일이든 조급하게 서두르면 졸속에 빠진다. 목전의 조그만 이익에 욕심을 내면 결코 대업을 이루지 못한다."

자하의 조급한 성격 탓인지, 아니면 혈기 왕성으로 미처 숙련되지 못해 세상을 크고 넓게 못 볼까 봐 걱정되었던 탓인지, 공자는 자하에게 '무슨 일이든 서두르지 말고 작은 이익을 보지 말라!'는 교훈을 내렸습니다. '급할수록 돌아가라'는 말이 있듯이 매사를 서두를수록 되레 일이 잘되지 않는다는 뜻입니다. 무엇보다 중요한 일일수록 신중을 기해야 하고 참을성 있게 때를 기다릴 줄 알아야 합니다.

모든 일에는 순서가 있습니다. 그 순서를 무시하거나 빨리 끝내려는 마음에 일을 서두르면 뜻하지 않은 실수나 실패를 할 수 있습니다. 항상 목표는 원대하게 세우되, 한발 한발 착실하게 진행할때 비로소 제대로 된 성과가 나오는 법입니다. 이것이야말로 대업 성취(大業成就)를 위한 비결입니다.

우리나라 사람들은 부지런한 국민성으로 전 세계에서 유례 없는 빠른 성장을 이뤘습니다. 하지만 빠른 성장의 이면에는 적지 않은 폐단이 상존해 사회문제로 대두되고 있습니다. 빨리빨리 해치우려는 습성에는 대충대충 해도 된다는 습성이 따르기 마련입니다.

물망재거(勿忘在莒), 즉 '어려웠던 지난 시절을 늘 잊지 말고 사치와 방종에 빠지지 않기를 경책(輕責)하라'는 뜻입니다. 빠른 성과를 내려다 결국 실패하고 나중에 더 큰 실패로 발전하는 경우가 많습니다. 이것은 잘못된 판단과 과욕이 빚어낸 결과임을 알고 때론 초심으로 돌아가 자숙할 줄도 알아야 합니다.

성과가 더디게 나오더라도 미래를 제대로 볼 줄 아는 안목과 적극적인 마인드로 하나씩 만들어가야 합니다. '하늘은 스스로 돕는 자를 돕는다'는 말처럼 어떠한 일을 이루기 위해 가장 중요한 것은 '자신의 노력'임을 알고 요행을 바라거나 급하게 성과를 내려는 것을 경계해야 합니다. 미국의 시인 헨리 롱펠로는 "성공한 사람들이 도달한 높은 고지는 단번에 오른 것이 아니다. 경쟁자들이 밤에 잠을 자는 동안 한 걸음 한 걸음 오른 것이다"라고 했습니다.

아무리 작은 일도 정성을 담아 꾸준히 하면 큰 성과로 다가올 수 있습니다. 모든 일에는 순서와 단계가 있음을 알고 빨리하는 것보다 차근차근 꾸준히 해나갈 때 가장 큰 성공의 열매를 거둘 수 있습니다.

061

/

관점에 따라 판단이 달라짐을 인정하라

아버지는 자기 자식을 위해 숨겨주고
자식도 아버지를 위해 숨겨준다.
부위자은 자위부은 父爲子隱 子爲父隱
- 《논어》 〈자로〉

"아버지의 죄를 폭로하는 행위는 정직하다고는 할 수 있어도 칭
찬할 만한 것은 아니다. 아버지는 자식의 죄를 숨겨주고, 자식은
아버지의 죄를 숨겨준다. 이것이 인간의 순수한 정이며, 이 인정 속
이야말로 진정 자기를 속이지 않는 정직한 마음이 있는 것이다."

섭공(葉公)이 공자에게 "우리 마을에 곧은 사람이 있습니다. 자기

아버지가 양을 훔쳤는데, 아들이 그것을 증언했습니다"라고 말하자 공자는 이렇게 말했습니다. "우리 마을의 곧은 사람은 이와 다릅니다. 아버지는 아들을 위하여 숨겨주고 아들은 아버지를 위하여 숨겨주는데, 그 가운데 '곧음'이 있습니다."

아버지가 자식을 비호해주는 것은 부성애이고 자식이 아버지를 비호해주는 것은 효도이니, 이는 법을 초월하는 지고(至高)의 가치입니다. 이런 가치를 구현할 수 있는 사람이라면 올곧지 않을 수가 없다는 뜻입니다.

직궁증부(直躬證父)란, 직궁이 아비 잘못의 증인이 되어 죄를 증언한 것으로서, '지나치게 정직함은 오히려 정도(正道)에 어긋난다'는 교훈을 담고 있습니다. 공자는 '어버이는 그 자식을 위해 숨기고 자식은 어버이를 위해 숨기니, 정직이란 그런 부자간의 사랑 속에 있어야 한다'는 의미로 말한 것입니다.

당시 섭공은 아비의 횡령에 대한 당연한 처벌을 옹호하면서 법치론을 전개한 데 반하여 공자는 오히려 동정론(同情論)을 펼쳤던 것입니다. 공자의 주장은 한편으로 범법행위를 방조한 것으로 보여지기도 합니다. 훗날 법가(法家)사상을 집대성한 한비자(韓非子)는 공자의 입장을 좇을 경우, 자칫 국가의 기강이 무너질 수 있다고 질타하면서 섭공의 주장을 전폭적으로 지지했다고 합니다.

그러나 공자의 주장은 공과 사가 충돌할 때 공적 가치를 무시하고 사적 가치를 좇아야 한다는 뜻이 아닙니다. 국가가 양 한 마리를 횡령한 사건에 대해 부자간의 여지없는 고발을 권장할 경우, 자칫 가정 파탄에 이은 국기문란(國紀紊亂)이 초래될까 우려했던 것입니다. 공자가 진정으로 추구했던 것은 공과 사의 유기적인 결합이었습니다. 법을 올바로 지켜내고자 가정을 파탄시켜서는 안 되니, 해당 사안의 경중에 따라 위법 여부를 적절히 판단 후 결정해야 한다는 의미입니다.

사람은 누구나 죄를 지으면 그에 상응하는 벌을 받게 됩니다. 법치국가에서는 당연한 이치입니다. 요즘은 각종 사회범죄가 만연하고 아무도 믿을 사람이 없다는 인식이 팽배합니다. 신고제도도 다양화되어 있고, CCTV 등을 통해 언제든지 감시 감독도 가능한 시대입니다. 범죄의 손길이 닿는 그 순간을 얼마든지 포착하고 증거를 제시할 수 있습니다.

예전에는 이러한 감시 기능들이 없어서 죄를 짓거나 도적 행위를 하더라도 충분히 은폐할 수 있었습니다. 하지만 도(道)와 예(禮)를 실천하며 늘 옳고 그름에 대한 판단과 교육이 제대로 서 있다면,

단 한 번밖에 살 수 없다면 인문고전을 읽어라

자기 아버지가 양 한 마리를 훔치는 것을 보았을 때 증인으로서 신고하고 죗값을 받게 할 수도 있었을 것입니다. 관점에 따라 판단 기준이 달라질 수도 있다는 것입니다.

군자불기(君子不器)란, '군자는 일정한 용도로 쓰이는 그릇과 같은 것이 아니다'라는 뜻으로서 '한 가지 재능에만 얽매이지 않고 두루 원만하게 살핀다'는 의미입니다. 단순히 옳고 그름만을 판단하고 정직만을 고수할 것이 아니라, 제대로 된 가치관과 군자와도 같은 도량을 가져야 할 것입니다.

062

/

칭찬할 때와 비판할 때를 구분하라

**충고할 때는 속이거나 꾸미지 말고
얼굴을 맞대고 직언해야 한다.**

물기야 이범지 勿欺也 而犯之
-《논어》〈헌문(憲問)〉

"사람을 섬길 때는 진심을 다해야 한다. 거짓으로 꾸미거나 속여

서는 안 된다. 그리고 안색을 살피지 말고 면전에서 떳떳이 충언

해야 한다."

자로가 임금을 섬기는 일에 관하여 묻자 공자는 "속이지 말고 바

른 말을 하여 임금의 비위를 거슬러라"고 응답했습니다. 올바른 직

언이 상황에 맞게 처신하는 아부성 발언보다 시간이 지나면 훨씬 '대의명분(大義名分)에도 맞고 옳았음'을 깨닫게 된다는 것입니다.

선의의 거짓말이 있습니다. 비판이나 직언을 듣는다는 것은 그리 유쾌한 일이 아닙니다. 그래서 때로는 진실을 왜곡되게 표현하거나, 선의의 거짓말로 꾸며서 말하는 경우도 종종 생깁니다. 하지만 아무리 의도가 좋다 하더라도 거짓말은 어쩔 수 없는 거짓말임을 분명히 알아야 합니다.

전하려는 내용의 핵심이나 목적에서 벗어나 상대방의 기분이나 감정을 우선적으로 고려한다면 제대로 전달되지 않을 가능성이 높습니다. 특히 자신이 모시는 상관의 비위를 맞추기 위해 양심을 버리고 감언이설(甘言利說)로 환심을 산다면, 머지않아 자신에게 바람직하지 않은 결과가 돌아올 수도 있음을 늘 인지해야 합니다.

기업 내 위기가 닥치고 현실적인 비판이 필요할 때, 위기감 없이 칭찬으로 덮는 것만큼 위험한 것은 없습니다. 배가 좌초될 위기에 있음에도 안에서는 잔치를 벌이고 있다면 다 함께 침몰할 수밖에 없습니다. 회사가 진정 어려울 때 진심으로 충언하는 직원이 없다면, 회사는 '영혼 없는 허수아비'와도 같습니다.

해도 되고 안 해도 되는 말들에 대해서는 가급적 말을 아끼는 것이 더 좋습니다. 하지만 꼭 해야 하는 말은 과감히 전달하는 것이 더 옳다는 뜻입니다. 상대의 눈치를 살필수록 할 말에 대한 신빙성과 전달 효과는 당연히 떨어질 수밖에 없습니다.

미국의 시인 월트 휘트먼은 "너는 너를 칭찬하고 부드럽고 상냥히 대하고 네 편을 들어준 사람한테서만 교훈을 얻었는가? 너를 배척하고 반대하고 논쟁한 사람한테서는 귀중한 교훈을 배우지 못했는가?"라고 말했습니다. 어리석은 사람은 사소한 비평에도 곧잘 흥분하고 화를 내지만, 현명한 사람은 자신을 비난하고 공격하며 논쟁하는 사람에게도 무엇이든 배우려 한다는 것입니다.

당신에게 충고나 직언을 해줄 수 있는 사람은 최소한 당신에게 관심 있는 사람임을 알고 아첨이나 감언으로 유혹하는 사람을 늘 경계해야 할 것입니다.

단 한 번밖에 살 수 없다면 인문고전을 읽어라

063

나 자신을 위한 배움에 집중하라

옛날 학자들은 자신을 위한 학문을 수행하였지만,
지금의 학자들은 남을 위한 학문을 하고 있다.
고지학자위기 금지학자위인 古之學者爲己 今之學者爲人
－《논어》〈헌문〉

"옛날의 학자는 자신의 수양만을 목적으로 학문을 했다. 그러나
유감스럽게도 지금의 학자는 자기 수양이라기보다는 세상의 평
판만을 문제 삼아서 공부하고 있다."

공자가 옛날과 오늘날 학자들의 '학문을 대하는 마음가짐의 차
이'에 대해 말하며, 개인의 공명(功名)과 이익만을 추구하는 공리주

의(功利主義)를 비판한 내용입니다. 옛날에는 자기 수양을 위해 공부했는데, 요즘은 남에게 자신의 유식함을 자랑하기 위해 공부한다는 뜻이 내포되어 있습니다.

학문하는 목적은 자기를 향상하는 데 있으며, 자신의 수양이 높아지고 지식이 풍부해지면 명성이나 지위는 자연히 따라오게 마련입니다. 처음부터 신분 상승과 명예를 위해 학문에 뜻을 두는 것은 본말(本末)이 전도(顚倒)된 것입니다. '나는 무엇 때문에 공부하고 누구를 위해 공부하는가?'에 대한 명쾌한 해답을 제시하는 구절입니다.

또한 공자는 "배우고 그것을 때때로 익히면 기쁘지 아니한가?"라며 배움의 진수(眞髓)를 얘기했습니다. 제대로 된 공부란 자신의 영혼을 살찌우는 일이며, 삶의 진정한 의미를 깨닫게 해주는 도구이자 기쁨 자체라는 뜻입니다. 공부해서 남 주는 것이 아니라는 사실을 명심해야 할 것입니다. 공부도 때가 있어서 시기를 놓치면 더 많은 노력과 열정을 투입해야 합니다. 배움을 통해 지식을 쌓고 이해력이 좋아지며 판단력 또한 좋아집니다.

미국 하버드 대학교 교수이자 철학자 윌리엄 제임스는 "우리 세대의 가장 위대한 혁명은 내면의 정신세계를 바꿈으로써 외부 세계를 변화시킬 수 있다는 발견이다"라고 말했습니다. 사람들은 무한한 잠재력을 갖고 있음에도 제대로 활용하지 못하고 그저 평범한 성과밖에 올리지 못합니다. 잠재력은 첫째 명확한 비전, 둘째 긍정적인 이미지, 셋째 성공의 확신이 있을 때 비로소 발휘될 수 있음을 알고 남을 위한 공부가 아닌 꾸준한 자기 수양의 노력을 지속해야 할 것입니다.

064

/

나의 관점으로 상대를 판단하지 말라

남이 나를 속일까 미리 짐작하지 않으며,
남이 믿어주지 않을까 미리 억측하지 않는다.

불역사 불억불신 不逆詐 不億不信

- 《논어》〈헌문〉

"남과 교제할 경우 그에게 거짓이나 속셈이 있거나 믿지 못할 행위는 하지 않을까 의심해서는 안 된다. 우선 있는 그대로 솔직하게 상대하는 것이 중요하다."

"상대방이 자기를 속일 것이라고 지레짐작하지도 않고, 상대방이 미덥지 않을 것이라고 억측하지도 않지만, 그래도 미리 깨닫는 사람이 현명하다"는 뜻입니다.

주자 또한 "남이 속이고 불신할 때 나의 밝음이 그것을 알기에 충분한 것을 '미리 깨달음'이라 한다. 그가 아직 속이지는 않는데도 속인다고 짐작해 대우하고, 그가 아직 불신하는 것은 아닌데 미리 그가 불신한다고 억측해서는 안 된다"고 했습니다. 상대의 마음을 짐작하여 미리 생각하거나 억측하는 것을 멀리하고 '깨달음을 통한 마음 읽기'를 위해 노력하라는 의미입니다.

사람을 처음 대면했을 때 3초 안에 첫인상이 결정된다고 합니다. 3초라는 짧은 순간 상대에 대한 평가가 끝나고 그것이 그 사람 전체의 이미지에 가장 큰 비중을 차지합니다. 이를 두고 초두효과(初頭效果)라고 하는데, 처음 입력된 정보가 나중에 들어오는 정보보다 훨씬 더 강한 영향력을 발휘하는 것을 말합니다. 어떤 사람에 관한 초기의 정보, 즉 첫인상이 이미지 구축에 더 큰 영향을 준다는 뜻입니다. 첫인상이 각인되면 상대를 제대로 알지도 못한 상태에서 선입견이라는 안경을 쓰고 섣부른 판단을 하는지도 모릅니다.

어떤 사람의 표정이나 행동을 보고 심리를 포착하는 기술을 독심술이라고 하며, 췌마(揣摩)라고도 합니다. 《논어》〈헌문(憲問)〉에서 공자는 "나의 마음을 투명하게 지녀라. 그리하면 독심술로 갈 것이다"라고 하였습니다. 어떤 일이 일어날 기미를 유추하고 요량(料量)하는 자세는 매우 중요하나, 남이 나를 해치고 나를 의심하지 않는지 지레짐작하는 역억(逆臆)은 스스로를 병들게 할 뿐이라는 것입니다. 《주역》에서는 "의심이 있으면 귀신이 수레에 가득 보인다"고 하였고, 《열자(列子)》에서는 의심암귀(疑心暗鬼)라 하여 "의심이 많으면 여러 망상이 보인다"고 했습니다.

　사람을 의심과 지레짐작만으로 평가한다면 자칫 자가당착에 빠질 수도 있음을 우려해야 합니다. 대인관계에서 상대의 마음을 추측하고 그 사람의 모든 것을 판단한다는 것 자체가 어쩌면 모순이기 때문입니다.

　말콤 글래드웰의 《블링크》에서는 불과 2~3초 만에 중요한 판단이 이루어지며 이때의 판단이 되레 더 정확할 수도 있음을 강조합니다. 하지만 첫인상만으로 상대의 내면까지 알 수는 없으니, 억측이나 추측이 아닌 있는 그대로의 모습을 보고 판단해야 할 것입니다.

　단 한 번밖에 살 수 없다면 인문고전을 읽어라

065

/

긍정적인 사람은 남 탓을 하지 않는다

하늘을 원망하지도 말고 사람을 탓하지도 말라.

불원천 불우인 不怨天 不尤人

- 《논어》 〈헌문〉

"일이 뜻과는 달리 세상에 받아들여지지 않지만, 나는 꼭 해야 할 일을 하고 있으므로 하늘도 원망하지 않고 사람도 탓하지 않는다."

본래는 '군자는 하늘을 원망하지도 사람을 탓하지도 않는다'는 뜻입니다. 군자에 한해 쓰던 말이 차츰 그 의미가 확대되어 '잘못된 일을 남 탓으로 돌리지 않는다'는 뜻의 관용어가 되었습니다.

이 글은 충우가 맹자의 기색이 유쾌하지 않자 군자는 하늘도 사람도 원망하거나 탓하지 않는다고 해놓고 어째서 맹자 스스로 불유쾌한 빛을 보이느냐고 돌려 물은 것입니다. 하지만 맹자의 생각은 이보다 훨씬 넓고 커서 충우로서는 도저히 미치지 못했습니다.

《논어》〈헌문〉에도 이와 같은 '불원천 불우인'이 나오는데, 노년의 공자가 "세상에 자신을 알아주는 이 없어도 하늘을 원망하고 사람을 탓하지 않으면, 자신의 높은 학식은 하늘이 알아줄 것이다"라고 탄식했던 데서 나온 말입니다.

점점 더 '남 탓 네 탓'만 하는 사회 풍토가 조성되는 것 같아 실로 안타까운 현실입니다. 아랫사람은 윗사람을 무시하거나 끌어내리려 하고 윗사람은 아랫사람 위에 군림하려고 합니다. 더욱이 방관자적인 입장을 취하는 사람들은 당사자들에게 모든 책임을 전가하고 자신은 모르쇠로 일관합니다.

모든 책임은 내가 아닌 남에게 있다는 책임 전가 의식이 만연한 것입니다. 군자나 선비, 성숙한 사람이라면 남에게 먼저 책임을 묻지 않습니다. 자신에게 먼저 책임을 묻고 잘못이 있다면 인정할 줄도 알고 스스로 책임질 자세가 되어 있습니다.

어떠한 역경에 처해도 팔자가 기박(奇薄)하다고 하늘을 원망하거나, 자기를 몰라주는 사람들을 탓하지 말아야 합니다. 세상이 나를 알아준다 하더라도 우쭐대며 자만할 필요 없고 나를 몰라준다 하더라도 기죽으며 의기소침할 필요 없습니다. 묵묵히 자기 할 일과 하고 싶은 일을 즐겁게 하면서 행복을 누리면 됩니다.

《중용》에 나오는 '내 탓이오' 철학은 남 탓으로 자신의 잘못을 가리려는 오늘날의 세태에 경종을 울립니다. 남 탓으로 자신의 허물을 일시적으로 가릴 수는 있어도 양심을 속이는 행위는 자신에게 되레 무거운 짐을 씌우는 것과 다름없습니다. 오히려 '내 탓'이라는 마음으로 먼저 책임지려는 자세를 가지면, 주위 사람들도 책임감 있게 사태를 수습할 것입니다.

게리 주커브는 《영혼의 의자》에서 "긍정적인 감정은 능력을 부여하고 부정적인 감정은 능력을 앗아간다"고 했습니다. 행복, 사랑, 열정, 희열 등과 같은 긍정적인 표현은 자신감을 불러일으키지만, 분노, 비난, 고통, 저주 등과 같은 부정적인 표현은 불쾌감과 더불어 자신감을 떨어뜨립니다.

자신에게 벌어지는 모든 상황들을 긍정적인 관점에서 책임감 있는 자세로 받아들일 때, 비로소 '자기 영혼의 진정한 주인'이 될 수 있습니다.

066

/

생각의 틀을 벗어나면 해결책이 보인다

●　　　　　　　　　　　　　　　　●

물이 깊으면 옷을 벗고 건너고,
얕으면 바지를 걷고 건너야 한다.

심즉려 천즉게 深則厲 淺則揭
– 《논어》〈헌문〉

●　　　　　　　　　　　　　　　　●

"강을 건널 때 물이 깊으면 옷을 높이 걷어 올리고, 얕으면 옷자락
만 들고 건너간다."

《시경》에 나오는 '패풍(邶風)'의 한 시구로서, 그때그때 상황에 따
라 적당한 방법으로 알맞게 살라는 가르침입니다. 때와 상황에 맞
게 살아가면 물이 깊어도 근심이 없고 물이 얕아도 사심이 없다는

뜻입니다.

공자가 위(衛)나라에 있을 때 경쇠란 악기를 치자, 삼태기를 지고 지나가던 사람이 "마음이 담겨 있도다, 경쇠 치는 소리는"이라고 말했습니다. 그가 다시 "천박하도다, 경쇠의 소리가. 자기를 몰라주면 그만두면 그뿐인데, 물이 깊으면 옷을 벗고 건너고 얕으면 옷을 걷고 건너느니라"고 하자 공자가 화답하기를, "과감하도다. 가히 그렇게 산다면 어려울 게 없느니라"고 답했다고 합니다.

공자는 자신을 몰라주면 그뿐이고 물이 깊고 얕음을 알듯 나아가고 물러날 때를 알고 자기가 서 있는 자리를 굳건히 지키면 하등의 서러움이 없음을 일러준 것입니다.

이는 공자가 '인부지이불온 불역군자호(人不知而不溫 不亦君子乎)' 즉, "남이 알아주지 않아도 불평하지 않는다면 그 또한 군자가 아니겠는가?"라고 말했던 것과 같은 맥락입니다. 자신의 마음을 몰라준다고 불평불만을 하며 세상과 남 탓을 할 것이 아니라, 현실을 직시하고 '어떻게 살 것인가?'에 보다 집중해야 한다는 의미입니다.

그때그때 처한 뜻밖의 일을 재빨리 그 자리에서 알맞게 대처하는 것을 임기응변에 강하다고 표현합니다. 이것은 타고난 성향이 아니라 사회적 경험이나 배움, 전문적인 지식 습득을 통해 자연스럽게 몸에 배는 것입니다. 임기응변에 강한 이들은 뜻하지 않은 사건이나 큰일이 닥쳤을 때, 어쩔 줄 몰라 갈팡질팡하는 이들에 비하면 늘 앞서나갈 수 있습니다. 해결 방법과 어떻게 하면 좀 더 유리한 쪽으로 풀어갈 수 있을지에 대한 복안(腹案)도 이미 가지고 있는 경우가 많습니다. 이러한 준비성과 대처 능력을 갖출 수 있었던 것은 순간 판단력과 침착성이 남들에 비해 탁월했기 때문입니다.

실패를 거듭하는 사람들은 '왜?'에 집중하며 자신을 과거로 몰아가는 경우가 많습니다. 하고많은 사람들 중에 '왜, 유독 나에게만 이런 일이 생겼을까?'를 고민하다 보면 자칫 삶의 희망마저 사라질 수 있습니다. 어떻게 하면 이 난관을 잘 헤쳐나갈 수 있을까를 고민하는 습관을 들여야 합니다. 생각의 덫에 걸려 스스로의 약점을 잡고 불안감에 떨게 만드는 어리석음에서 벗어나야 합니다.

데일 카네기는 "건전한 판단은 항상 건전한 생각에 기초한다. 건전한 생각은 맑은 머리와 유쾌한 마음에서 비롯된다"고 했습니다. 슬프고 고통스런 일을 기억하지 않는 습관을 길러야 한다는 것입니다. 앞으로의 일이 어떻게 전개될지는 누구도 모릅니다. 따라서 변화에 기민하게 적응하고 어떠한 영향에도 굴하지 않는 강한 정신력으로 희망찬 내일을 주도해나가야 할 것입니다.

단 한 번밖에 살 수 없다면 인문고전을 읽어라

067

/

작은 일을 간과하면 큰일을 그르친다

작은 일을 무시하거나 참지 못하면 큰 계획을 망친다.

소불인 즉난대모 小不忍 則亂大謀

− 《논어》〈위령공(衛靈公)〉

"작은 일을 참을 수 없다면 큰일을 행할 때 반드시 그 계획은 깨지고 만다. 작은 일을 간과하면 큰일을 그르치게 된다. 좋은 일이나 나쁜 일이나 모두 마찬가지다. 작은 욕망을 용서한다거나 작은 실수를 눈감아 준다거나 작은 사랑에 빠진다거나 하는 등의 모든 것이 앞길을 그르치는 것이다."

이는 한신(韓信)의 유명한 일화입니다. 한신은 한고조 유방(劉邦)

을 섬겼던 장군으로 어느 날 일정한 직업도 없이 허송세월하던 젊은 깡패가 그에게 시비를 걸었습니다. "그 주제에 칼을 차고 다니다니, 겉으로 보기엔 무사 같다만 머릿속은 텅 비었겠지?" 이내 구경꾼들이 모여들자 깡패는 더욱 신이 나서 "배짱이 있거든 그 칼을 뽑아서 나를 찔러봐. 그럴 배짱이 없거든 내 사타구니 밑으로 기어가거라"며 큰소리쳤습니다. 이때 한신은 잠시 생각하다가 잠자코 그 깡패의 사타구니 밑으로 기어갔다고 합니다. 그는 '사소한 일로 큰일을 망칠 수 없다'고 생각했기에 꾹 참았던 것입니다. 참기 힘든 일과 어려운 일도 '큰일을 이루기 위해서는 인내로서 반드시 참아야 한다'는 교훈을 줍니다.

한신은 아주 사소한 어려움도 인내하지 못한다면 어떠한 큰일도 성취할 수 없다는 것을 알았습니다. 작은 일도 참지 못하면서 어떻게 대업(大業)을 이룰 수 있겠는가 하는 견지에서 생각해보면 한신의 처사가 되레 더 당당하게 느껴집니다. 한낱 깡패를 상대하기보다는 나랏일을 위해 큰일을 도모하려 했던 것입니다.

사람이 느끼는 대표적인 감정은 '희노애락애오욕(喜怒哀樂愛惡慾)' 즉, 기쁨, 노여움, 슬픔, 즐거움, 사랑, 미움, 욕심으로 칠정(七情)이라고 합니다. 이런 기본적인 감정들을 스스로 잘 다루어서 감정에 지배당하는 것이 아니라, 자신에게 유리한 방향으로 이끌어가야 합니다.

인간은 누구나 공격적인 성향을 가지고 있습니다. 특히 '화가 치밀 때의 공격성을 가장 경계'해야 합니다. 분노의 감정으로 인해 큰일을 망치는 경우가 많기 때문입니다.

악한 사람을 상대하지 않고 그냥 두는 것은 내가 비겁해서가 아니라 상대할 가치가 못 되기 때문입니다. 가치 없는 것들까지 상대할 필요는 없습니다. 사사로운 일에 휘말리면 그동안 쌓아온 성과도 물거품이 되고 전도유망(前途有望)했던 미래도 한순간에 불투명해집니다.

소소한 일들로부터 초연해진다는 것은 무시하거나 아예 신경조차 쓰지 않는다는 의미가 결코 아닙니다. 사소하거나 작은 일들에 연연해하며 그것들로 인해 자신의 감정을 통제하지 못하면, 자칫 큰일을 그르칠 수 있음을 상기해야 합니다.

068

/

실수를 인정하는 순간 한 걸음 더 나아간다

허물을 알고 있어도 고치지 않는 것이
바로 진짜 허물이다.
과이불개 시위과의 過而不改 是謂過矣
─《논어》〈위령공〉

"인간인 이상 과오가 없을 수는 없다. 그러나 진정한 의미에서 과
오란 잘못인 줄 알면서도 반성을 게을리하고 또한 그것을 고치지
않는 것이다."

사람은 누구나 허물이 있게 마련이며, 그 허물을 하나하나 고쳐
나가 허물을 없게 하는 일이 '참된 도리'라는 뜻입니다. 《논어》〈자

한(子罕)〉에서는 "잘못하거든 고치기를 꺼리지 말라[過則勿憚改]"고 했고, 〈이인(里仁)〉에서는 "그 사람의 잘못을 보고 그의 착함을 알게 된다[觀過斯知仁矣]"고 했습니다.

자신의 잘못을 알고도 고치지 않는다는 것은 '스스로 잘못을 인정하지 않는다'는 의미입니다. 누구나 잘못을 저지르기도 하고 후회하기도 하며, 반성하며 뉘우치기도 합니다. 잘못을 저지른 뒤에 '무엇을 생각하고 어떻게 행동하느냐'에 따라 그 사람의 인생이 달라질 수 있습니다. 자신의 잘못을 인식하지 못하고 고치려는 생각조차 하지 않는 사람이라면, 문제의 심각성은 더욱 커지게 마련입니다.

대체로 자존심이 센 사람들은 스스로를 내려놓지 않으려는 경향이 다분합니다. 자신의 단점이나 잘못을 인정하지 않는 사람들은 반성은커녕 주변 환경을 탓하거나 타인의 잘못으로 인한 범실(凡失)이라 생각합니다. 잘못의 원인을 자기 안에서 찾으려 하지 않고 외부로 돌리려고 하는 것입니다.

성공하는 사람들은 자신의 잘못을 알고 난 뒤 그 잘못을 인정하고 바로 고쳐서 같은 잘못을 두 번 다시 반복하지 않습니다. 하지만 실패하는 사람들은 잘못을 인정하고 고치기보다 변명으로 일관하면서 똑같은 과오를 또다시 범하게 됩니다.

데일 카네기는 "세상에서 가장 하기 어려운 일은 바로 자기 잘못을 인정하는 것이다. 상황을 해결하려면 솔직하게 잘못을 인정하는 것 외에 더 좋은 방법은 없다"라고 말했습니다. 잘못을 인정하지 않거나 발뺌하면 아무 의미 없을 뿐 아니라, 사회생활 자체를 망칠 수도 있습니다. 그런 행동으로 인해 신뢰를 잃기 때문입니다. 특히 한번 신용을 잃으면 다시 일어서기가 그만큼 힘들어집니다.

사람은 누구나 칭찬에 익숙하고 자기 이익을 우선적으로 추구하며, 손해를 보지 않으려는 마음이 있습니다. 따라서 자신의 과오를 인정하는 데는 많은 용기가 필요합니다. 자신의 잘못을 인정하고 같은 실수를 저지르지 않을 때, 비로소 성공적인 삶을 이어갈 수 있습니다.

단 한 번밖에 살 수 없다면 인문고전을 읽어라

069
/
인간관계의 효율을 높이는 법

서로 도가 같지 않으면 함께 일을 도모하지 않는다.

도부동 불상위모 道不同 不相爲謀
－《논어》〈위령공〉

"동쪽을 향하는 자와 서쪽을 향하는 자는 서로 여정을 상의해도 아무런 소용이 없다. 이와 마찬가지로 인생의 행로에서 선을 지향하는 자와 이익을 추구하는 자가 서로 상의한다 해도 의견이 일치할 리 없으니 헛된 일이 될 것이다."

여기서 말하는 '도(道)가 같지 않다는 것'은 활쏘기, 말 몰기, 생황, 피리, 비파나 거문고 연주 등과 같은 것이므로 평소 자신에게 익숙한 것이 아니면 그 일을 정밀하게 할 수 없다는 것입니다. 그러므로 '서로 도모하지 않는 것은 그 일을 잘 몰라서 무너뜨릴까 봐 두려워서'입니다.

자신과 뜻이 다르고 길이 다른 사람들, 즉 가치관과 삶에 대한 방향성이 다른 이들과 교류하는 데는 많은 이해와 인내가 필요합니다. 자신의 업(業)과 유사하다거나, 공통 관심사가 있다거나, 인생관이 비슷하다거나, 소통이 원활한 사람들과 교류하는 것만으로도 충분합니다.

자신이 말하고자 하는 것을 제대로 받아들이지 못하거나 의도와는 전혀 다른 방향으로 해석하는 사람은 대화가 잘 안 통한다고 느끼게 됩니다. 서로의 생각이 다르면 의논해도 무익(無益)할 수밖에 없습니다. 가고자 하는 방향이 전혀 다르다면 굳이 함께 길을 나설 이유가 없습니다. 이것은 자신이 듣기 좋은 말만 해주는 사람과 교류해야 한다는 것과는 다른 의미입니다. 자신이 잘 모르는 분야이거나 성향이 전혀 다른 상대에게 의견을 묻고 함께 공동의 관심사를 추구하다 보면 문제가 생길 수밖에 없습니다.

지그 지글러는 "독수리 떼와 함께 날고 싶다면, 계속 칠면조 무리 사이에 끼여 바닥을 긁어대고 있어서는 안 된다"라고 말했습니다. 더 나은 발전과 성공을 원한다면, 서로 도움을 주고받을 수 있고 삶의 지향점이 같으며 한 발 앞서가는 사람들과 교류해야 합니다. 비효율적인 인간관계에 엮여 사람도 잃고 시간도 낭비하지 않도록 해야 합니다.

070
/
다름을 인정하고 화합하라

●   ●

조화를 이루며 살더라도 결코 휩쓸리지 않는다.

군자 화이불류 君子 和而不流
–《중용》〈10장〉

●   ●

"모든 사람들과 조화를 유지하고 있지만, 그렇다고 해서 세상의
일반적인 풍조에 휩쓸리는 일은 하지 않는다."

《논어》의 '화합하고 편당 짓지 않는다'는 화이부동(和而不同)과 같
은 의미입니다. 세상 사람들과 조화롭게 어울리며 살아야 하지만
세상의 통념에 무비판적으로 휩쓸려서는 안 된다는 뜻입니다. 사
람들과 잘 어울리되 중심이 흔들리지 말아야 한다는 것입니다. 자

기만의 철학을 가지고 나아가야 하는 것이지, 누군가의 말이나 지시에 휘둘리며 따라가서는 안 됩니다.

대의명분에서 보면 화이불류(和而不流)의 진정한 의미는 '서로 다름을 인정하고 화합을 이루라'는 것입니다. 특히 이 시대 지도자들이 반드시 기억해야 할 철학적 지표와도 같습니다. 각자의 생각이나 이념들이 천차만별이기에 옳고 그름이 아닌 다름을 인정하는 가운데 서로 조화를 이루라는 뜻입니다. 이와는 조금 다른 의미의 화광동진(和光同塵)이라는 말이 있습니다. '빛을 부드럽게 하여 속세의 티끌에 같이한다'는 뜻으로 자신의 '지덕(智德)과 재기(才氣)를 감추고 그저 세속에 따름'을 이르는 말입니다. 《노자》에 나오는 구절로 자신의 지혜와 덕을 밖으로 드러내지 않고 속인과 어울려 지내면서 참된 자아를 보여준다는 뜻입니다.

세상에 절대적인 것은 없다는 사실을 잊어서는 안 됩니다. 위대한 성과를 낸 대부분의 위인들은 외골수적인 사람들이었습니다. 자신이 하고자 하는 일에 대해 충분한 계획과 사전 조사, 그리고 확신이 있다면 지나치게 남의 말에 신경 쓸 필요 없습니다. 다른 사람의 의견과 생각으로 혼돈과 불안감이 생길 수도 있기 때문입니다.

화이불류이든 화광동진이든 사람은 결코 세속을 벗어나서는 존재할 수 없습니다. 혼자서는 결코 살아갈 수 없는 존재임을 인식한다면, 자기가 속한 집단 내 사람들과의 관계 속에서 조화로운 삶을 만들어가야 할 것입니다. 자신의 능력을 발휘해서 존재감을 드러내든, 스스로의 지혜를 감추고 타인들에게 섞여서 살아가든 오로지 자신이 선택할 몫입니다.

하지만 반드시 기억해야 할 것은 너무 쉽게 남의 일에 간섭하거나 타인의 간섭으로 잘못 판단하는 일이 없어야 한다는 점입니다. 데일 카네기는 "중요한 일을 완성하려고 방법을 강구할 때는 남의 말에 신경 쓰지 말아야 한다. 남들은 항상 불가능하다고 말하지만 나는 오히려 노력할 가장 좋은 기회라고 여긴다"라고 말했습니다.

남들과 조화를 이루며 여유롭고 행복한 인생을 만들어가야 합니다. 하지만 그런 가운데 자신에게 가해지는 모든 비평과 참견에는 스스로에 대한 믿음으로 쉬이 휩쓸리지 않도록 자기중심을 잘 잡고 나아가야 합니다.

071

의로움을 벗어난 용기는 만용이다

의를 행한다는 것은 남의 비방을 피하고
명예를 얻고자 함이 아니다.

위의비피훼취예 爲義非避毀就譽
– 《묵자》〈경주(耕柱)〉

"우리가 도의를 행하는 것은 그것을 통해 남에게 비방받지 않도록 하기 위해서도 아니고 명예를 얻기 위해서도 아니다. 인간으로서 당연한 일을 행하기 위함이다."

의로움은 사람으로서 당연히 행해야 할 도리라는 뜻입니다. 묵자(墨子)는 제자백가의 하나인 묵가의 시조이며, 전국시대 초기에

활약한 사상가로서 이름은 적(翟)입니다. 그는 "천하에 이익되는 것[利]을 북돋우고[興], 천하에 해가 되는 것[害]을 없애는[除] 것"을 정치의 원칙으로 삼았습니다. 실천 방법으로 유능하다면 농민이나 수공업자도 관리로 채용하는 상현(尙賢), 백성의 이익에 배치되는 재화나 노동력의 소비를 금지하는 절용(節用), 지배자가 자신의 이익만을 추구하는 약탈이나 백성을 죽음에 이르게 하는 전쟁에 반대하는 비공(非攻), 타인을 사랑하고 자신과 타인의 이익을 서로 높이는 겸애(兼愛)를 주장했습니다.

묵자의 삶의 목표는 오로지 백성을 이롭게 하는 것이었습니다. 그는 "인인(仁人)의 일은 천하에 이익을 일으키고, 천하에 해(害)를 제거하는 것"이라고 생각했습니다. 또한 철저히 자신만을 위한 삶을 살지 않았습니다. 도가는 이러한 묵자의 정신을 냉소적으로 보기도 했습니다. 하지만 그는 전국시대 초기 가히 혁명적인 사상가로서 철저한 신분사회에서 인간에 대한 차별을 혁파할 것을 당당히 주장했습니다.

남이 뭐라고 하든 자기 소신과 도의가 바로서 있다면 세상살이에서 아무런 장애를 느끼지 않을 것입니다. 흔히 '세상에 거리낄 것이 없는 크고 넓은 도덕적 용기'를 호연지기라고 합니다. 이러한 호연지기를 가지고 진정한 행복을 얻을 수 있습니다.

늘 마음 안에 '평온하고 너그러운 화기(和氣)'가 어려 있으면 '곧고 바름에 대한 긍정적인 원기(元氣)'를 갖고 생활할 수 있습니다. 그러한 사람이야말로 그 누구에게도 꿀리지 않는 도덕적 용기를 가지고 있습니다. 인간으로서 당연한 도리가 묵과되고 터부시된다면 정의사회 구현은 더욱 어려워질 것입니다.

072

/

아는 만큼 실행한다

아는 것이 어려운 것이 아니다. 진정 아는 것을
어떻게 처리하느냐가 어려운 것이다.
비지지난야 처지즉난야 非知之難也 處知則難也
- 《한비자》〈설난(說難)〉

"배워서 아는 것이 어려운 게 아니다. 아는 것을 시기에 따라 어떻
게 처리하는지가 어려운 것이다."

안다는 것은 그리 어렵지 않으나 아는 것을 어떻게 알려주고 대
처하느냐가 더 어렵다는 의미입니다. 무엇을 말하느냐가 아니라
같은 말이라도 누가 언제 어떻게 말하느냐에 따라 상황이 정반대

로 달라질 수 있습니다. 의도에 따라 속고 속이는 관계로까지 발전할 수 있음을 반드시 경계해야 합니다.

혹세무민(惑世誣民)이란 '세상을 어지럽히고 백성을 속인다'는 뜻입니다. '혹(惑)'은 '정신을 혼란스럽게 하여 어지럽힌다'는 뜻이고, '무(誣)'는 '없는 사실을 가지고 속이거나 깔본다'는 뜻입니다. 그릇된 이론이나 믿음으로 사람들을 속여서 자신의 이익을 추구하는 것을 이르는 말입니다. 사이비 종교 교주나 그릇된 주장만을 내세우는 일부 학자, 당리당략만 앞세우는 일부 몰지각한 정치가 등이 모두 이런 사람들입니다.

사람들은 각자 자기의 개성과 능력을 갖고 살아갑니다. 개중에는 자신의 지식 수준이나 능력을 과대 포장하는 사기꾼 기질이 다분한 이들도 있습니다. 또한 아는 것은 많지만 정작 표현을 잘 못해서 손해를 보는 이들도 있습니다. 아는 것을 적절히 표현하고 실행하는 것도 그 사람을 평가할 수 있는 하나의 잣대가 됩니다.

배움에 있어 수박 겉핥기식으로 하는 것은 기억에 오래 남지 않을뿐더러 남들에게 설명하거나 전달하기 어려울 것입니다. 무엇이든 제대로 알기 위한 노력과 배움의 의지가 필요하고, 배우는 것과 배운 것에 대한 실천이 중요합니다.

배움의 열의가 있고 어떻게든 알고자 하면 얼마든지 가르침을 받고 학습을 통해 깨우칠 수 있습니다. 하지만 자신이 배운 것을 남에게 옮기거나 표현할 때 도덕적 양심과 사회적 규범을 벗어나면 혹세무민과 같은 혼란스러운 사회가 도래할 수 있습니다.

내가 아는 것을 남을 속이거나 이용하기 위한 전략적 도구로 활용해서는 안 됩니다. 배움의 가치는 진정 고귀한 것이기에 '악행을 저지르기 위한 수단으로 공부하는 것은 차라리 알지 못하는 것보다 못한 것'입니다. 알고 있는 지식을 이기적인 수단으로 사용할 것이 아니라, 이타적인 목적으로 활용해야 합니다.

데일 카네기는 "인류가 겪는 고난의 상당 부분은 사물의 가치에 대한 잘못된 계산에서 생긴다. 우리가 마음의 평정을 얻으려면 반드시 올바른 가치관을 지녀야 한다"고 했습니다. 진정 올바른 가치관과 도덕적 양심을 갖춘 사람이라면 자신이 배운 것을 남에게 알려주고 대처하는 데에 아무 문제 없을 것입니다. 아는 것을 표현함에 있어 말이 씨가 되고 그것이 다른 화근을 불러오는 불씨가 되지 않도록 정확한 의사 전달과 이타적인 마음을 기르도록 힘써야 할 것입니다.

073

/

상대방을 내 편으로 만드는 대화

하물며 임금에게도 역린이 있다.

인주역유역린 人主亦有逆鱗

– 《한비자》〈설난〉

"용의 턱 밑에는 거꾸로 난 비늘이 있어서 그것을 건드리면 격노한다고 한다. 임금에게도 이와 비슷한 것이 있다. 흔히 급소라고 부르는 것으로 그 급소를 건드리면 임금의 노여움을 사서 커다란 봉변을 당하게 된다."

사람은 누구나 장점과 강점을 갖고 있지만 좋지 않은 부분이 먼저 보이면 괜히 지적하고 싶거나 그것이 계기가 되어 서로 사이가 소원해지기도 합니다. 당사자 입장에서는 자신의 약점이 드러나거나 누군가 자신의 치부를 드러내면 심히 부끄럽거나 분노가 치밀어 오르는 것이 당연합니다.

여기서 말하는 역린(逆鱗)이란, '왕의 노여움'을 뜻하는 것으로 '건드리면 반드시 죽는 것'을 의미하기도 합니다. 당시 시대 상황만 봐도 왕의 치부를 건드렸다면, 당연히 그 생명을 보존하기는 어려웠을 것입니다. 또한 그 설득자가 왕의 역린을 건드리지만 않는다면, 얼마든지 임금을 설득하거나 직위 보전도 가능할 것입니다.

이는 '먹다 남은 복숭아를 준 죄'라는 뜻의 여도지죄(餘桃之罪)라는 고사(故事)에 소개된 내용으로 "같은 행동이라도 사랑받을 때와 미움받을 때가 각기 다르게 받아들여질 수 있다는 것"을 비유한 원문의 일부 내용입니다.

《한비자(韓非子)》〈설난(說難)〉에는 '다른 사람들에게 자기의 생각을 설득하는 것의 어려움'에 대한 내용이 실려 있습니다. 역린은 왕을 설득하려는 사람이 주의해야 할 점을 이야기하며 예로 든 것에서 유래한 말입니다. 왕에게 자기의 의견을 설득하려는 사람은 왕의 역린만은 건드리지 말아야 성공할 수 있다고 한 것입니다.

공자는 충신이 되기 위한 변정(辯政)의 5가지 방법을 이야기했습

　　　　　단 한 번밖에 살 수 없다면 인문고전을 읽어라

니다. 첫째, 휼간(譎諫)으로서 '대놓고 말하지 않고 넌지시 돌려서 간한다'. 둘째, 당간(戇諫)으로서 '고지식하게 대놓고 간한다'. 셋째, 강간(降諫)으로서 '납작 엎드려 간한다'. 넷째, 직간(直諫)으로서 '앞 뒤 가리지 않고 곧장 찔러 간한다'. 다섯째, 풍간(諷諫)으로서 '빗대 어 말한다'. 모두 여도지죄를 잘 살펴서 상황에 맞는 처신이 중요함 을 강조하고 있습니다.

누구나 자기에게 관심과 애정을 갖고 때와 장소에 맞는 말과 행 동을 하는 사람들에게 더 많은 관심을 보이며 좋아하게 되는 법입 니다. 하물며 자신의 약점이나 치부를 건드리는 자들과는 함께 어 울리고 싶은 마음조차 들지 않는 것이 인지상정입니다. 사람은 누 구나 자기본위(自己本位)로 생각하는 존재이기 때문입니다.

데일 카네기는 "당신이 대화를 나누는 사람은 당신이나 당신의 문제보다 그들 자신과 자신의 요구, 자신의 문제에 백 배 더 많은 관심을 갖고 있다는 사실을 명심하라. 그 사람의 치통은 중국에서 백만 명이 굶어 죽는 대기근보다 더 큰 의미가 있다. 그 사람의 목 에 난 종기 하나는 아프리카에서 발생한 40여 차례의 지진보다 큰 관심이다"라고 말했습니다.

상대의 기분을 미리 알고 이해하는 관점에서 이야기하거나 들어주면, 상대도 내 말에 귀 기울이며 관심을 가져줄 것입니다. 대인 관계는 모두 '기브 앤드 테이크(give and take)'입니다. 내가 좋아하는 방식이나 생각을 남에게 먼저 강요하지 말고 상대방의 입장에서 우선 생각하고 들어주는 것이 훨씬 더 지혜로운 삶의 방식입니다.

단 한 번밖에 살 수 없다면 인문고전을 읽어라

074

/

큰일도 나누면 작은 일이 된다

아무리 싸움에 능한 늑대도
여러 마리의 개를 대적하기란 어려운 법이다.

능랑난적중견 能狼難敵衆犬
– 잡서, 《통속편》〈수축〉

"사냥을 잘하고 싸움에 능한 늑대도 떼 지어 달려드는 개를 대적
하기는 어렵다."

중과부적(衆寡不敵), 즉 '많은 적을 한꺼번에 감당하기는 어렵다'
는 뜻입니다. 한 번에 두 마리 토끼를 쫓는 것은 어렵다는 말과 같
은 맥락입니다. 제아무리 싸움에 능한 늑대일지라도 사냥개를 한

번에 한 마리씩 상대하는 것과 한 번에 열 마리와 싸우는 것은 다릅니다.

한때는 멀티태스킹(multitasking)을 잘하는 사람들이 인정받았습니다. 여러 사람과 채팅하면서 동시에 이메일을 보내는 것과 같이 여러 가지 일을 한꺼번에 처리함으로써 시간과 노동력을 효율적으로 사용한다는 것입니다. 하지만 미국 연구진들의 실험 결과, 많은 사람들의 인식과 달리 이들은 특출한 능력을 가진 것이 아니라 단지 "여러 가지 일을 하는 것처럼 보일 뿐 어느 하나도 제대로 못한다"고 판명되었다고 합니다. 중요하지 않은 정보에 모든 신경을 빼앗겨 결국 아무 일도 해내지 못한 것입니다.

이 실험을 주도했던 미국 스탠퍼드 대학교의 클리포드 내스 교수팀은 "멀티태스커들은 쓸데없는 정보를 빨아먹는 귀신 같았다"고 하면서 "불필요한 정보를 걸러내야 문제를 풀 수 있는데, 모든 일에 신경 쓰느라 어느 하나에도 제대로 집중하지 못했다"고 밝혔습니다. "멀티태스킹을 많이 하려고 드는 태도는 결국 뇌의 인지력을 망가뜨린다"는 결론을 내리고, "한 번에 한 가지 일에 집중함으로써, 즉 한 번에 적은 일을 함으로써 더욱 큰 성과를 올릴 수 있다"고 조언했습니다.

최상의 실적과 성과를 거두려면 일에 대한 집중도를 높여야 합니다. 가장 중요하면서도 긴박한 일부터 처리하면 효율적인 시간 관리로 최상의 성과를 낼 수 있습니다. 이는 선택과 집중의 중요성을 다시금 실감하는 대목입니다.

미국 유타 대학교 심리학과의 데이비드 산본마츠 박사는 "분명한 목표를 설정하지 않으면 여러 가지 일들이 모두 중요하게 여겨져서 오히려 집중력이 흐트러진다"며 멀티태스킹의 문제점을 지적했습니다. 또한 이 연구팀은 한 가지 일에 집중력을 높이는 5가지 방법을 제시했습니다.

첫째, 신경이 분산되지 않도록 하라는 것입니다. 중요한 사람에게 오는 메일과 메시지만 신호가 울리도록 하라는 의미입니다. 둘째, 마감 시간을 분명히 정하라는 것입니다. 그날 수행해야 할 업무에 대해서는 마감 시간을 분명히 알고 우선순위를 매겨서 순차적으로 수행하라는 것입니다. 셋째, 가장 활력이 넘칠 때가 언제인지를 파악하라는 것입니다. 에너지가 넘쳐서 집중력이 좋을 때와 집중력이 낮아질 때를 구분해서 각각 맞는 일을 처리하라는 뜻입니다. 넷째, 해야 할 일의 목록을 매일 일과 뒤에 점검하라는 것입니다. 다섯째, 이번 일이 끝나면 해야 할 다음 일에 대해 메모하되

지금 하고 있는 일에 집중하라는 것입니다.

한꺼번에 여러 가지 일을 완벽하게 수행할 수는 없습니다. 그렇게 했다면 허점이 많은 실속 없는 성과를 내고는 자랑스럽게 얘기하는 것인지도 모릅니다. 할 일들을 모두 펼쳐놓으면 수습과 진전을 보기 어렵습니다. 한 번에 하나씩 자신의 강점에 집중해서 처리해나갈 때 최상의 성과를 낼 수 있습니다.

단 한 번밖에 살 수 없다면 인문고전을 읽어라

075

좋은 말이 좋은 운을 끌어들인다

질병은 입으로부터 들어오고 화병은 입에서부터 나온다.
병종구입 화종구출 炳從口入 禍從口出
-《태평어람》〈인사(人事)〉

"질병은 맛있는 것을 배불리 먹으려는 욕심에서 일어나고, 재난은 실언과 망언에서 생긴다."

'병은 음식을 조심하지 않은 데서 오며, 재화(災禍)는 말을 조심하지 않은 데서 온다'는 뜻입니다. 한번 내뱉은 말을 다시 주워 담을 수는 없습니다. 또한 말에는 천리마와 같은 발이 달려 있어서 멀리 떨어진 곳까지 순식간에 전파됩니다. 과식이나 지나친 식탐, 그리고 막말이나 유언비어(流言蜚語) 등 잘못된 습관은 언제든 자신에게 불화살이 되어 돌아올 수 있음을 경계하라는 의미입니다.

'혀 아래 도끼가 들었다'는 속담이 있습니다. 구시상인부(口是傷人斧)라 하여 '말은 사람을 해치는 도끼와도 같은 것'이라는 의미입니다. '말 한마디에 천 냥 빚을 갚는다'는 표현이 무색할 정도로 말 한마디 잘못하면, 빚을 갚기는커녕 원수지간처럼 서로 등지고 살 수 있습니다. 때론 사람의 입에서 나오는 말이 사람을 살릴 수도 있지만 죽일 수도 있다는 의미입니다.

인간은 5가지 욕구를 갖고 태어난다고 합니다. 재욕(財慾), 성욕(性慾), 식욕(食慾), 명예욕(名譽慾), 수면욕(睡眠慾)으로 이를 오욕(五慾)이라고 합니다. 그중에서도 가장 근본적인 욕구는 바로 식욕입니다. 사람은 먹지 않고서는 살아갈 수 없습니다. 하지만 먹는 욕심이 지나치면 과식하는 버릇이 생겨 건강을 해칩니다. 이것이 입을 통해 몸을 해치는 질병이 들어온다는 의미입니다.

'침묵은 금이다'라는 격언이 있습니다. 침묵을 하는 이유는 논쟁의 이유와 해결 방법을 찾기 위해 오히려 말을 하지 않고 다른 사람들의 말을 귀담아듣기 위해서입니다. 말보다 경청을 통해 서로의 입장 차이를 이해할 수 있기에 침묵의 중요성을 강조한 것입니

단 한 번밖에 살 수 없다면 인문고전을 읽어라

다. 또한 구화지문(口禍之門)이라는 말이 있습니다. '입은 재앙을 불러들이는 문이 된다'는 뜻으로, 재앙이 입으로부터 나오고 입으로 들어간다고 하여 예부터 입을 항상 조심하라는 가르침이 많았던 것입니다.

입을 통해 들어오는 '먹는 것'뿐만 아니라, 입을 통해 '말하는 것'을 모두 조심해야 합니다. 인생을 살아감에 있어 평생 먹어야 하는 것과 말하는 것에 대한 통제와 성찰이 필요하다는 뜻입니다. 특히 먹는 것은 한계가 있지만 말하는 것에는 한계가 없기 때문에 자칫 자신이 한 말을 통해 다시는 돌이킬 수 없는 과오를 저지를 수 있음을 늘 명심해야 합니다.

남이 나에게 베풀기를 원하는 것을 먼저 남에게 베풀라는 말이 있습니다. 또한 대화를 잘하고 싶다면 먼저 마음을 다해 상대의 이야기를 잘 들어주라고 합니다. 자기중심적인 마인드를 버리고 남을 먼저 위하고 배려하는 이타적인 마음 자세와 우선 경청하기 위해 침묵하는 태도를 지켜나가야겠습니다.

人文古典

PART 04

운과 기회는
내 마음이
불러들이는
것이다

076

성공의 기운은 내 안에서 시작된다

**부모 자식 간에 정이 두텁고 형제지간이 화목하며,
부부가 화합하면 집안이 윤택해진다.**

부자독 형제목 부부화 가지비야 父子篤 兄弟睦 夫婦和 家之肥也
- 《예기》〈예운(禮運)〉

"부모와 자식 간에 애정이 두텁고, 형제간에 화목하며, 부부가
서로 화합하는 것은 집안의 행복이며, 집안이 살찌고 풍족해지는
길이다."

가화만사성(家和萬事成)은 '집안이 화목하면 모든 일이 잘 이루어
진다'는 뜻입니다. 한집에 부모와 자식들, 즉 2대가 함께 모여 산

다면 3가지 관계가 형성됩니다. 부부 관계, 부자(父子) 관계, 그리고 형제 관계입니다. 이 3가지 관계가 원만히 잘 이루어지고 서로 불협화음이 없다면 충분히 화목한 가족입니다. 결국은 화기애애한 가족 분위기 속에서 '가화만사성'이 이루어지는 것입니다.

물론 가족이 해체되거나 구성원의 이탈이 잦을 때는 대부분 불화의 중심인물이 있습니다. '굴뚝에 불을 지피지 않으면 연기가 나지 않는다'는 돌불연불생연(突不燃不生煙)과도 부합하는 것입니다. 원인 없는 결과는 없다는 뜻입니다. 문제의 원인이 되는 작은 불화의 씨를 미연에 방지하고 가족 구성원 간에 화합과 소통, 사랑을 공유할 때, 가정의 행복이 유지되고 더욱 화목한 가족이 될 것입니다.

'모든 일은 가정에서 비롯된다'고 할 수 있습니다. 가정은 공동생활이 이루어지는 최소 단위이자 사회생활의 출발점입니다. 따라서 공동체의 근간인 가정이 화목하지 않으면 가족 구성원 간에 갈등이 생기고 의심하고 미워하는 마음이 일어나 결국에는 서로를 반목하고 질시하게 됩니다.

예부터 화목은 가정을 다스리는 '가장 핵심적인 요소이자 사회생활의 근본이었습니다. 《대학(大學)》에서 격물(格物)·치지(致知)·성의(誠意)·정심(正心)·수신(修身)·제가(齊家)·치국(治國)·평천하(平天

下)를 8조목으로 삼아 '집안의 다스림을 강조'한 것도 바로 이 때문입니다. 격물부터 수신까지는 개인적인 것이고 제가부터 평천하까지는 공동체를 말하는 것으로서 가정의 화목이 그만큼 중요하다는 뜻입니다.

《명심보감》〈치가(治家)〉에도 "자식이 효도하면 양친이 즐거워하고, 가정이 화목하면 만사가 이루어진다[子孝雙親樂 家和萬事成]"는 말이 나옵니다. 또 조상이 덕을 쌓은 집안에는 반드시 후손에게 경사가 따른다는 '적덕지가필유여경(積德之家必有餘慶)'이라는 고사성어도 역시 '가화만사성'에 그 뿌리를 두고 있습니다.

가정은 인생에서 온실과 같은 곳입니다. 온실 속 화초가 바로 가족 구성원입니다. 화초를 돌보고 키우기 위해 가장 필요한 것은 사랑과 관심입니다. 틱낫한 스님은 "당신이 너무 바빠서 아이들, 아내를 위해 시간을 낼 수 없다면 당신은 그들을 사랑한다고 말할 수 없다. 사랑은 원할 때 곁에 있어주는 것이며, 그를 위해 온전히 자신의 시간을 내주는 것이다. 당신이 거기 존재하지 않는데, 도대체 어떻게 그들을 사랑할 수 있겠는가?"라고 말했습니다. 마음을 다해 끌어안는 것이 사랑이며, 가족 간의 사랑은 화목과 행복의 근간임을 강조한 것입니다.

단 한 번밖에 살 수 없다면 인문고전을 읽어라

집안의 화목과 평온은 스스로가 모범이 되어 만들어가는 것입니다. 자신이 주도적으로 사랑과 관심, 배려와 책임감으로 가족을 돌볼 때 비로소 가정 내 행복과 웃음꽃이 절로 피어납니다.

077

인생의 가치는 마음가짐에 달려 있다

아무리 훌륭한 죽음이라도 나쁘게 사는 것만 못하다.

호사불여악활 好死不如惡活

– 잡서, 《통속편》 〈식여〉

"죽어서 훌륭하게 취급받는 것보다는 신통치 않더라도 살아 있는 편이 낫다."

아무리 고통스럽고 비참한 삶일지라도 죽음보다 낫다는 의미입니다. '죽은 정승보다 살아 있는 개 팔자가 더 낫다'는 우리 속담과도 일맥상통합니다. 인간은 태어나서 살아감과 동시에 죽어가는 것이라는 말도 있습니다. 살아가는 것은 어쩌면 죽음을 향해 서서히 나아가고 있다는 것입니다. 자기의 의지로 태어난 존재가 아니기에, 광활한 우주 공간에서 지구라는 조그만 행성에 내던져진 보잘것없는 존재인지도 모릅니다.

그렇다고 무가치하고 무개념으로 살아도 되는 것은 아닙니다. 바쁜 일상을 살다 보면 죽음조차 생각할 겨를이 없습니다. 하지만 삶에 찌들어 힘겹게 살다 보면, 현실 도피적인 생각으로 죽음을 선택하거나 가족과 타인을 위한다는 미명하에 옳지 않은 길을 선택하는 이들도 적잖은 것이 현실입니다.

인생은 단 한 번뿐이라는 사실을 명심하고 살아야 합니다. 있는 그대로의 행복을 즐기고 사람과 정을 나누고 서로 사랑과 신뢰를 주고받으며, 자연을 만끽하고 살아도 아쉬운 것이 우리 인생입니다. 따라서 허투루 인생을 낭비해서는 안 됩니다.

프랑스의 소설가이자 정치가였던 앙드레 말로는 이렇게 말했습니다. "우리는 가끔 하찮은 일로 마음을 어지럽힌다. 우리가 이 지상에 머무는 기간은 겨우 수십 년에 불과하다. 그런데 얼마 지나지 않아 잊혀질 온갖 불평불만을 고민하면서 귀중한 시간을 허비하고 있다. 그러므로 우리는 인생을 가치 있는 행동과 감정, 위대한 사상과 진실한 애정, 그리고 영구적인 일에 바쳐야 한다. 인생은 시시하게 살기에는 너무도 짧다." 자신에게 주어진 시간의 소중함과 삶의 가치를 돌아보게 하는 말입니다.

사람은 애착이 지나치면 번민이 되고 결국엔 집착도 커져서 삶이 허영이나 번뇌로 가득할 수 있습니다. 마하트마 간디는 "나는 가난한 탁발승으로 가진 거라고는 물레와 밥그릇, 염소젖 한 깡통, 허름한 담요 여섯 장, 수건 그리고 대단치 않은 평판밖에 없다"라고 말했습니다.

법정 스님은 《무소유(無所有)》에서 "'나'는 너무도 부끄럽다고 반성한다. 누구나 이 세상에서 사라질 때는 빈손으로 돌아가기 마련인데, 우리는 무엇인가에 얽매여 주객이 전도된 삶을 살아간다"라며 인간의 과한 욕심과 올바른 삶의 정도에 대해 설파했습니다.

'크게 버리는 사람이 크게 얻을 것이며, 아무것도 갖지 않을 때 비로소 온 세상을 갖게 된다'는 무소유의 의미를 되새기며, 죽음조차 두렵지 않은 인생을 살아가야 할 것입니다. 아무리 힘들어도 살 만한 가치가 있는, 단 한 번뿐인 인생이기 때문입니다.

단 한 번밖에 살 수 없다면 인문고전을 읽어라

078

더 나은 삶은 생각의 변화로 이루어진다

극한 상황이면 변화하고, 변화하면 통하는 길이 열린다.

궁즉변 변즉통 窮則變 變則通

-《역경》〈계사하전(繫辭下傳)〉

"무슨 일이든 극한 상황에 이르면 반드시 변화가 생기고, 변화가
생기면 반드시 통하는 길이 생긴다."

우리는 항상 '변하지 않으면 도태된다'고 말하면서도 정작 스스
로 변화하기가 쉽지만은 않습니다. 변화에 대한 두려움과 현실의
안일함이 맞물려 더 나은 삶을 원하면서도 부족한 용기와 게으른
습성, 무사안일한 사고방식 탓에 실로 변화를 기대하기가 어려운

현실입니다.

'쥐도 궁지에 몰리면 고양이를 문다'고 했습니다. 사람이든 동물이든 막다른 골목, 즉 더 이상 빠져나갈 수 없는 극한 상황에 봉착하면, 전에 없던 용기가 나오고 해결 방법도 생각납니다. 하지만 매사를 극단적인 상황에서의 변화로만 끌고 갈 수는 없습니다.

오래가기 위해서는 반드시 그 전에 변화와 혁신을 해야 합니다. 사람은 타성에 젖으면 자꾸만 그 자리에 머물러 안주하고픈 습성이 있습니다. 최악의 경우에는 다른 누군가가 도와줄 거라며 스스로 해결할 생각은 하지 않고 의지할 대상을 찾습니다. 지금 냉철하게 자신의 주변 상황이 어떠한지를 생각해볼 필요가 있습니다. 스스로 주인이 되어 사는 삶이 아닌 주변인으로 사는 삶에는 더 이상 긍정적인 의미가 없습니다.

로마제국을 통치한 위대한 철학자 마르쿠스 아우렐리우스는 인간의 운명을 단 한 줄로 요약했습니다. "우리의 인생은 우리의 생각으로 이루어진다." 실패를 먼저 생각하면 거의 확실히 실패하게 될 것이며, 진정 성공을 갈망하면 반드시 성공하거나 최소한 성공에 가까이 도달할 수 있습니다.

데일 카네기는 "우리는 일단 변화를 시도해야 할 2가지 이유가 있다. 첫째, 우리는 정말로 성공할지도 모른다. 둘째, 설령 성공하지 못한다 해도 마이너스를 플러스로 바꾸고자 시도하는 것만으로도 뒤돌아보지 않고 앞을 내다보게 된다"고 말했습니다. 변화 없는 안정적인 삶만을 추구하지 말고 세상 밖으로 자신을 내던져야 합니다. 결단코 시도하지 않으면 어떠한 성과도 거둘 수 없습니다.

변화만 잘 이끌어도 누구든 세상의 주인이 될 수 있습니다. 변화를 적극적으로 받아들이고 새로운 목표에 대한 굳은 의지와 확신을 갖고 노력한다면, 누구든 반드시 성공할 수 있습니다. 기회를 찾아서 내 것으로 만들기 위해서는 끊임없는 노력과 변화가 필요합니다.

079

성공은 준비하는 사람에게 온다

모든 일은 미리 준비하면 이룰 수 있지만,
그렇지 못하면 일을 망칠 수 있다.

사예즉립 불예즉폐 事豫則立 不豫則廢

－《중용》〈20장〉

"무슨 일이든 미리 앞서서 준비해두면 반드시 그 일은 성취된다.
그러나 이와 반대로 앞서서 준비하지 않으면 실패한다. 미리 준
비해놓으면 근심이 없다. 더구나 인생에서 맨 처음 미리 확립해야
할 것은 성실이다."

미리 계획을 세우고 철저히 준비한 후에 일을 실행하면 반드시

하고자 하는 일을 성취할 것이나, 아무런 준비 없이 무작정 실행부터 하면 거의 실패할 확률이 높다는 뜻입니다. 성공을 원한다면 철저한 사전 준비를 통해 실행해나가야 한다고 강조한 것입니다.

《주역》의 두 번째 괘인 곤(坤)의 내용 중 '리상견빙지(履霜堅氷至)'라는 말이 있습니다. '서리를 밟으면 딱딱한 얼음이 곧 온다'는 뜻으로, 늦가을이나 초겨울에 서리가 내리면 머지않아 혹독한 추위와 단단한 얼음이 어는 엄동설한(嚴冬雪寒)이 닥친다는 뜻입니다. 서리를 보고 계절의 변화만을 실감할 것이 아니라, 곧 닥쳐올 겨울을 준비해야 큰 고생 없이 겨울을 날 수 있습니다.

'무식하면 용감하다'는 말에는 긍정과 부정의 의미가 모두 들어 있습니다. 때로는 앞뒤 재지 않고 뛰어들었을 때 성과를 내기도 합니다. 우리는 지금 21세기 격변의 시대를 살고 있습니다. 과감하게 뛰어드는 것도 때로는 필요하지만 실패할 확률도 높아집니다. 이제는 '준비된 자가 용감하다'라는 표현으로 바꿔야 합니다. 철저한 준비와 전략을 세웠을 때 비로소 성공 가능성도 높아집니다.

사전에 먼저 생각하고 미리 대비하기 위해서는 우선 머릿속에 걱정이란 단어를 지워야 합니다. 걱정은 성공에 어떠한 긍정적인 영향도 미치지 못합니다. 걱정은 오직 긍정적인 생각을 방해하고 추진 동력을 멈추게 할 뿐입니다. 아무리 걱정한들 해결 방안이 생기는 것도 아닌데 사람들은 늘 불안과 걱정으로 마음 졸이며 살아가고 있습니다.

데일 카네기는 "이미 일어난 잘못을 건설적인 것으로 만드는 단 하나의 방법은 그 잘못을 분석하여 유용하게 하는 것이다. 그리고 과오는 잊어버리는 것이다. 여기에는 물론 대단한 용기와 분별력이 요구된다"라고 하며, '과오를 철저히 분석하여 교훈을 얻는 것'의 중요성을 강조했습니다. 후회하지 않는 사람은 아무도 없습니다. 단지 후회하고 자신의 잘못을 돌아보는 과정을 최소화할 수 있다면 성공한 인생일 것입니다.

그러기 위해서는 앞을 내다보는 선견지명(先見之明)을 키울 필요가 있습니다. 평탄하지 않은 길임을 미리 알았다면 부딪혀보기 전에 예측 가능한 문제들을 짚어보고 처리 방안까지 미리 세울 수 있습니다. 미리 걱정하고 고민하는 것보다 훨씬 생산적인 일입니다. 미리 준비하는 계획적인 습관으로 진정 원하는 것을 이뤄나갈 수 있습니다.

단 한 번밖에 살 수 없다면 인문고전을 읽어라

080

앞을 내다보는 사람은 분노하지 않는다

분노가 생기면 미리 곤란할 것을 생각한다.

분사난 忿思難

－《논어》〈계씨(季氏)〉

"격렬한 감정은 자기 자신을 잃게 만든다. 분노를 느꼈을 때, 그 것을 느낀 대로 폭발시키면 그 행위가 나중에 어떤 어려움을 가져 올지를 숙고하는 것이 바람직하다."

'화가 치밀어 오를 때는 그것으로 말미암아 생겨날 환난(患難)을 항상 생각하라'는 뜻입니다. 화가 난다고 쉽게 분노를 표출하지 말 고 일단 참고 견뎌야 후일에 있을 곤란을 면하게 된다는 것입니다.

공자는 "군자에게는 생각하는 일이 9가지 있다. 사물을 볼 때는 분명하게 볼 것을 생각하고, 소리를 들을 때는 똑똑하게 들을 것을 생각하고, 안색은 온화할 것을 생각하고, 용모는 공손할 것을 생각하고, 말은 충실할 것을 생각하고, 일할 때는 신중할 것을 생각하고, 의심이 날 때는 물을 것을 생각하고, 화가 날 때는 화낸 뒤에 어렵게 될 것을 생각하고, 이득을 보면 의로운 것인지를 생각한다"고 말했습니다.

불통(不通)으로 인한 감정싸움이 빈번해지다 보면, 감정 조절을 하지 못하고 화를 표출하는 경우가 많습니다. 물론 한쪽만이라도 참는다면 큰 문제로 번지지는 않을 것입니다. 하지만 한쪽에서 분노를 표출하면 상대도 기분이 상해서 같이 화를 내게 마련입니다. 화를 내면 상대도 불쾌감을 느끼지만 가장 안 좋은 것은 바로 자신입니다.

화가 날 때 속으로 삭이고 억지로 참는 것만이 좋은 것은 아닙니다. 화가 모여서 스트레스로 쌓이면 '건강에도 악영향'을 줄 수 있습니다. 따라서 화를 해소하는 나름의 방법을 마련하는 것이 좋습니다. 먹는 것으로 푸는 사람도 있고 노래를 부르거나 음악을 들으며 화를 푸는 사람, 연극이나 영화 등 문화생활로 푸는 사람, 누군가에게 속 시원하게 털어놓는 사람도 있습니다. 화를 낼 때는 순간적인 혈액 공급 장애로 자칫 뇌졸중이 올 수도 있으니, 처음 1~2분간은 무조건 참는 것도 좋습니다.

데일 카네기는 "결과에는 씨앗이 있다. 이것을 잘 기억하는 사람은 누구에게도 화를 내지 않으며, 누구와도 논쟁하지 않는다. 남을 비방하지 않고 책망하지 않으며, 침범하지 않고 원망하지 않는다"고 했습니다. 화를 잘 내는 이들의 공통점은 바로 타인을 의식하며 경쟁하려 든다는 것입니다. 자존심은 높고 자존감은 낮은 사람들입니다. 셰익스피어는 "당신의 적 때문에 노여움의 불꽃이 타오르게 하지 마라. 그 불꽃이 자신을 태울 수 있다"라고 했습니다. 늘 건강하고 긍정적인 삶을 위해 마음의 평정을 유지해야 합니다.

081

/

숨어 있는 진실을 보는 눈을 길러라

드러나 있는 것을 꼼꼼히 잘 살피고 그 숨은 이치를 밝힌다.

미현천유 微顯闡幽
–《역경》〈계사하전〉

"분명하게 큰 것도 매우 작은 것에 원인이 있다는 점을 잘 살피고, 또한 매우 작아서 보이지 않을 정도의 것도 그 실체는 크고 분명하다는 점을 파악해야 한다. 때로는 망원경을 사용하고, 때로는 현미경을 사용해서 물체를 관찰하는 마음가짐이 중요하다."

'누구나 알 수 있는 환한 일도 궁리하고 연구하여 미묘한 경지에 이르러 누구도 알 수 없는 원리를 뚜렷하게 밝힌다'는 뜻입니다. 명백한 일을 노골적으로 말하지 않고 또 명백하지 못한 일을 명료하게 밝혀서 세상이 모르는 원리를 구명(究明)해낸다는 고사성어입니다. 미현이천유(微顯而闡幽)라고도 표현할 수 있습니다.

때론 방심이 화를 부르는 법입니다. 이까짓 것쯤이야, 하는 마음 자세로 간과했다가 후일 큰 화를 불러오는 경우도 있습니다. 실체와 실상 파악이 제대로 안 된 상태에서 이런 일들이 종종 발생하므로 '작고 하찮은 것일지라도 쉽게 무시하거나 무관심해서는 안 된다'는 의미입니다.

'호미로 막을 것을 가래로 막는다'는 속담이 있습니다. '적은 힘으로 충분히 처리할 수 있는 일에 쓸데없이 많은 힘을 들이는 경우'를 비유한 것입니다. 일이 더 커지기 전에 처리했더라면 쉽게 해결되었을 일을 방치했다가 나중에 더 큰 힘과 비용을 들이게 됩니다.

대부분의 사람들은 밝은 낮보다는 보이지 않는 어둠을 더 잘 탐구하며, 잘 보이는 것은 소홀히 하고 잘 보이지 않는 것에 더 끌립니다. 정말 미미한 조짐은 눈앞에 펼쳐져 있어도 사람들이 눈여겨보지 않으므로 그것이 조짐인 줄을 모릅니다. "해가 중천에 떠 있는 밝은 대낮에 밤에나 볼 수 있는 북두성을 보라"는 《주역》의 말처럼 미미한 조짐도 이미 눈앞에 훤히 나타나 있는데 우리가 미처 보지 못할 뿐입니다. 늘 눈앞에 펼쳐져 있지만 얕잡아보거나 간과함으로써 '쉬이 놓칠 수 있는 실수나 과오를 최소화하자'는 의미입니다.

실수와 실패를 통해 새로운 것을 배우고 성공에 이를 수 있습니다. 그 과정에서 중요한 일을 간과하거나 무시하는 것은 경계해야 합니다. 단지 눈에 보이는 것만이 전부는 아닙니다. 이미 드러난 것들에 대한 관심과 더불어 이면에 숨은 이치까지 살필 수 있는 혜안이 필요합니다.

082

/

성과는 행동하는 만큼 나온다

자기 스스로 많은 복을 구한다.

자구다복 自求多福

– 《좌전》 〈환공(桓公) 6년〉

"인간이 행복을 얻고 못 얻고는 자신의 능력에 달려 있다."

'하늘은 스스로 돕는 자를 돕는다'는 말과 같은 이치입니다. 많은 복(福)은 하늘이 주는 것이 아니라, 자기 스스로 구해서 얻어진다는 의미입니다. 태자(太子)가 "사람에게는 각각 짝이 있는데 제나라는 대국이어서, 제나라 사람은 나의 짝이 아니다. 시에 이르길, '자기 스스로 복을 구한다[自求多福]'라고 했는데, 나는 내 분수에 맞는 사람을 구할 따름이다. 큰 나라가 무슨 소용 있겠는가?"라고 말한 데서 유래했습니다.

이 말은 《맹자》〈공손추 상〉에도 인용되어 있습니다. '어질면 영화(榮華)가 오고 어질지 못하면 욕(辱)이 온다'는 것입니다. 지금 욕된 것을 싫어하면서도 어질지 못한 생활을 하는 것은 마치 축축한 것을 싫어하면서 낮은 땅에 살고 있는 것과 같은 이치라고 했습니다. 욕된 것을 싫어하면 덕을 소중히 알고 선비를 높이 받들어야 합니다. 어진 사람이 높은 지위에 있고 능력 있는 사람이 일을 담당하여 정치와 법령에 힘쓰면 아무리 큰 나라도 함부로 업신여기지 못할 것이라 했습니다. 지금 당장 나라가 평화롭다고 해서 마음껏 즐기며 게으름을 피우고 거만을 부리는 것은 '스스로 화를 자초하는 일'이며 '화와 복은 스스로 구하지 않는 것이 없다'라는 의미입니다.

힘든 세상을 주도적으로 살아가기 위해서는 남에게 결코 의지하거나 일방적으로 의존하지 말아야 합니다. 올곧이 자기 힘으로 복을 만들어내기 위한 노력을 게을리하지 않아야 합니다. 이러한 과정에서 좋은 기운과 도움의 손길이 따라온다는 것입니다.

반대되는 의미로 자업자득(自業自得)이 있습니다. 자신이 저지른

　　　　단 한 번밖에 살 수 없다면 인문고전을 읽어라

과보(果報)나 업을 자신이 받는다, 즉 스스로 만든 결과라는 뜻입니다. 여기서 '업'이란 '나쁜 업'을 뜻하는 자업자박(自業自縛)과 같은 뜻으로 '자신이 쌓은 업으로 자신을 묶는다'는 의미입니다. 자업자득에는 '무슨 일이든 결국 옳은 이치대로 돌아간다'는 사필귀정(事必歸正)의 뜻이 담겨 있습니다.

화를 부르면 화가 오고 복을 부르면 복이 오는 법입니다. 과거 또는 전생의 선악(善惡) 인연에 따라 뒷날 길흉화복(吉凶禍福)을 받게 된다는 인과응보(因果應報)와도 비슷한 뜻입니다.

우리의 삶은 자업자득, 인과응보, 사필귀정의 실타래가 엮여 항상 따라다닙니다. 하지만 스스로 복을 구할 수 있다면 무엇인들 두려울 것이 있겠습니까? 늘 선한 마음을 가지고 자신이 가진 능력과 분수에 맞는 자세로 임한다면 문제없습니다.

긍정심리학의 창시자 마틴 셀리그만은 "사람들의 대응 방식은 생각과 감정, 그리고 그에 따른 행동에 의해 전적으로 결정된다. 좋든 나쁘든 상관없이 감정의 95%는 어떤 일이 벌어졌을 때, 이를 어떻게 받아들이는지에 따라 달라진다"고 말했습니다. 모든 일은 마음먹기에 달려 있으니 늘 긍정 마인드와 자신감으로 활기찬 인생을 살아야겠습니다.

083
/
집중할수록 위태로움이 줄어든다

일을 위태롭게 여겨서 미리 처리하는 자에게는 평안을 준다.

위자사평 이자사경 危者使平 易者使傾

－《역경》〈계사하전〉

"당면하여 그 일을 위험하다고 여겨서 조심하는 자에게는 오히려 평안을 준다. 반대로 그런 일은 아무것도 아니라고 깔보고 경솔하게 다루는 자에게는 오히려 일을 기울게 만든다. 그것이 역(易)의 도이다."

'위태로울까 여기는 자[危者]'는 정신을 모으므로 당연히 평안하고, '소홀히 여기는 자[易者]'는 정신이 흩어지니 당연히 기울어진다는 뜻입니다.

《주역》에서는 '사람의 기운을 제어한다 함은 정성(精誠)을 갖는다는 것'이고 정성을 갖는다 함은 '정신을 하나[一]로 모은다는 것'이라고 했습니다. 또한 정신을 하나로 모으는 속에서 하늘의 명(命)을 알 수 있고, 성(性)의 자연스러움을 밝힐 수 있고, 도(道)의 당연함을 행할 수 있으며, 성인(聖人)의 말씀을 깨달을 수 있습니다. 또한 정신을 하나로 모으는 과정에서 피흉취길(避凶趣吉), 즉 '흉(凶)을 피하고 길(吉)로 나갈 수 있다'고 했습니다. 이것이 바로《주역》에서 말하는 진정한 도(道)의 의미입니다.

유비무환(有備無患)은 '평소에 준비가 철저하면 후에 근심이 없음'을 뜻합니다. 국가가 위기에 봉착하기 전에 편안할 때부터 언제든 위기가 올 수 있음을 알고 만반의 준비를 하면 근심도 사라진다는 것으로, '소 잃고 외양간 고친다'는 속담과 반대 의미입니다.

우리가 살아가는 작금에는 늘 위기와 위험 요인들이 산재되어 있습니다. 자칫 경솔하게 행동하거나 다급하게 살아가다 보면 일을 처리하는 과정에서 위험을 맞닥뜨리게 됩니다. 쉽게 행할 수 있다고 깔본다거나 조심성 없이 일을 다루는 것을 피해야 성과를 낼 수 있습니다.

미국의 전설적인 미식축구 감독 폴 베어 브라이언트는 "모든 게 잘못되었다면 '내 탓이다', 그저 그렇다면 '우리가 한 일이다', 잘되었을 때 '여러분 덕이다'라고 말할 수 있는 태도야말로 미식축구에서 승리를 거두는 데 중요한 요소다"라는 말을 남겼습니다.

목표와 승리를 향한 집념과 도전은 운동경기든 삶이든 끝없는 노력을 통해 비로소 얻어지는 것입니다. 정성을 다해 미리미리 일을 추진하되 그 책임은 스스로 지고 영광은 구성원들에게 돌릴 수 있는 올바른 성품과 책임감이야말로 성공하는 리더의 바람직한 표상입니다.

084

부유할수록 소유하지 않아야 한다

사치함이란 악 중에서도 가장 큰 것이다.

검덕지공야 치악지대야 儉德之共也 侈惡之大也
－《좌전》〈장공(莊公) 24년〉

"사치는 악 중에서 가장 큰 것이다. 이것과 대비해서 검소한 덕,
즉 몸을 조심스럽게 처신하는 것은 인간의 덕 중에서 가장 공손한
것이다."

노나라의 대부 어손(御孫)이 한 말로 "검소함은 덕이고 함께하는
것이다. 사치는 악이 더 큰 것이니, 사치함보다 검소한 것이 낫다.
검소하게 살고 감사하며 사는 것은 나를 행복하게 만든다. 그렇기

에 악을 갖고 사치를 부리는 것은 나를 불행하게 만들 수 있다"는
의미입니다.

장공 23년 어느 가을날 제(齊)나라 환공(桓公)을 모신 사당의 기둥
에 붉은 칠을 하였습니다. 그리고 이듬해 봄에 사당의 서까래에 조
각을 한 것은 예의에 맞지 않은 일이었습니다. 이에 대부 어손이
"신은 듣건대 '검약은 덕 중에 큰 덕이요, 사치는 악 중의 큰 악이
다'라고 합니다. 선대 군주께서는 공손한 덕을 지니셨는데, 지금 군
주께서 자기 행동으로 큰 악을 몰고 가시니 그래서는 아니 되옵니
다'라고 충간(忠諫)한 데서 유래한 말입니다. 사치는 악을 불러와
자칫 불행하게 만들 수도 있다며 검소한 생활을 지향했습니다. 과
욕에 이르면 감정 통제가 쉽지 않아 사치를 일삼게 되고 이기심이
앞서 타인을 먼저 위하기가 어렵기에 충돌할 수 있습니다.

이와는 반대로 별무장물(別無長物)이란 말이 있습니다. 오래된 물
건이 따로 없다는 뜻으로 '귀한 물건을 가진 것이 없다'는 의미입
니다. 큰 욕심 없이 자신의 형편에 맞는 물건과 기본적으로 필요한
것들만 갖추고 청빈하게 사는 것을 말합니다.

스웨덴 사람들은 부자든 서민이든 검소하기로 유명합니다. 특히
발렌베리 가문은 검소함을 가장 중요한 덕목으로 강조하고 있습니

다. 아이들은 형제의 옷을 물려받고 최소한의 용돈만으로 생활하며, 그중 일부는 반드시 저축해야 합니다. 또한 여름에는 정원의 잡초를 뽑고 갈퀴질을 하며 집안일도 거듭니다. 발렌베리 가문은 신문이나 잡지 등 외부 매체에 집안사람들의 이야기가 오르내리지 못하도록 철저하게 관리해왔습니다. 그들은 평소에 검소한 삶을 실천하며 살았습니다.

어떤 골동품 가게에 오랫동안 팔리지 않은 상품이 있었습니다. 그런데 어느 날 점원이 실수로 가격표에 '0'을 하나 더 붙이는 실수를 했습니다. 일반적으로 가격이 비싸면 팔리지 않아야 하는데, 하루도 되지 않아서 불티나게 팔렸다고 합니다. 이러한 현상을 베블런 효과(Veblen Effect)라고 합니다. 과시욕이나 허영심을 채우기 위해 고가의 물품을 구입하는 사람들 때문에 값이 오를수록 수요가 증가하고 값이 떨어지면 오히려 구매하지 않는 경향이 있습니다. 베블런 효과는 소비 편승 효과와 같이 발휘되기도 합니다. 과시나 허영에 들떠 진정한 삶을 망각해서는 안 될 것입니다.

085

/

긍정적인 마인드에서 자신감이 생긴다

상을 당한 일이 없는데도 슬퍼하면
근심 걱정과 반드시 마주하게 된다.

무상이척 우필수언 無喪而戚 憂必讐焉
－《좌전》〈희공(僖公) 5년〉

"특별히 부모나 형제의 상이 있는 것도 아닌데 공연히 슬퍼하면

그 슬픔에 상당하는 걱정거리가 자연히 생긴다."

상사(喪事)와 같은 큰일이 없는데도 하찮은 일로 자꾸 걱정하면
곧 참으로 근심할 만한 큰일이 생길 수 있다는 뜻입니다. 우려했던
걱정거리들이 현실로 다가온다 하더라도 미리 걱정하며 안절부절

못하는 것은 결코 도움이 되지 않습니다. 차라리 미연에 방지할 수 있는 대책을 수립하거나, 자기 본분에 충실한다면 그러한 걱정거리들은 그저 지나친 기우에 지나지 않습니다.

심리학자들은 자신이 하는 일 자체로 피곤한 것이 아니라고 합니다. 피로감이나 스트레스는 대부분 불안정한 정신과 감정적인 요인에 의해 발생하는 것입니다. 일을 많이 했음에도 불구하고 성과가 기대에 못 미칠 것이라는 불안감이나 걱정, 긴장감 등으로 인해 더욱 피로도가 높아지고 스트레스가 쌓입니다.

대부분의 사람들은 곤란한 일일수록 더욱 신경을 바짝 곤두세웁니다. 저절로 미간이 찌푸려지고 어깨와 모든 근육에 힘이 들어갑니다. 정신적으로 피로감과 걱정이 몰려올 때는 오히려 힘을 빼고 최대한 객관적으로 문제를 바라보면 해결책이 떠오르기 쉽습니다.

노먼 빈센트 필 박사는 '쓸데없는 걱정'이란 글에서 한 연구기관의 조사를 인용하여 다음과 같이 밝혔습니다. 사람이 하는 걱정 중에 절대로 발생하지 않을 사건에 대한 걱정이 40%, 이미 일어난 사건에 대한 걱정이 30%, 별로 신경 쓸 필요 없는 작은 일에 대한 걱정이 22%, 우리가 바꿀 수 없는 사건에 대한 걱정이 4%, 그리고 나머지 4%가 진정 마음먹고 바꿀 수 있는 사건에 대한 걱정이라는 것입니다. 사람들은 96%의 불필요한 걱정 때문에 기쁨도, 웃음도, 마음의 평화도 잃어버린 채 불안하게 살아가고 있습니다.

걱정은 긍정적인 마음과 하고자 하는 열정, 해낼 수 있다는 자신 감을 해칩니다. 부정적인 생각을 긍정적인 생각으로 바꾸면 세상을 바라보는 시각과 비전, 삶의 가치관이 달라집니다.

매사에 걱정한다면 좋은 성과가 나오지 않습니다. 걱정거리들로 인해 자기 에너지의 많은 부분을 낭비하고 부지불식간에 정도(正道)를 벗어나 최종 목표에서도 점점 더 멀어지게 됩니다. 걱정은 또 다른 쓸데없는 걱정을 불러올 수 있으니, 늘 걱정에 저항하고 쓸데 없이 에너지를 소모하지 않도록 해야 합니다.

망자계치(亡子計齒), '죽은 자식 나이 센다'는 뜻으로 이미 지나간 일을 생각하며 애석해한다는 말입니다. 지나간 일은 다시 돌이킬 수 없으며, 다가올 미래는 미리 걱정한다고 해결되지 않습니다. 지금 걱정과 불안 요인들로 가득 차 있다면, 차라리 운동으로 땀을 흠뻑 흘리거나 야외로 나가 기분 전환을 하면서 그 순간을 벗어나야 합니다. 상쾌하고 활기찬 심신에 즐거움과 행복이 깃듭니다.

086

/

자신의 존재감을 높여라

입술이 없으면 이가 시린 법이다.

순망치한 脣亡齒寒
- 《좌전》〈희공 5년〉

"입술이 찢어지면 이가 시리게 된다. 이웃 나라가 위태로워지면
이쪽 나라도 위험에 직면하게 된다."

서로 의지하는 운명공동체를 일러서 '순망치한'이라고 비유했습
니다. 춘추시대 말엽 강대국 가운데 하나인 진(晉)나라 헌공이 우나
라에 사신을 보내 괵나라를 치고자 하니 길을 빌려달라고 요청했
습니다. 약소국인 우나라 군주는 당연히 승낙하고자 하였습니다.

그러자 궁지기라는 신하가 반대하고 나섰습니다. "괵나라는 우리 나라의 앞면과 같습니다. 따라서 괵나라가 망하면 우리나라 또한 같은 처지가 될 것입니다. 옛말에 '입술이 없으면 이가 시리다'고 했으니, 이것이야말로 괵나라와 우리나라를 가리키는 말입니다. 괵이 없어지고 나면 그 화살은 곧 우리를 향할 것입니다."

그럼에도 불구하고 우나라 군주는 그의 말을 무시했고 궁지기는 우나라를 떠났습니다. 이후 괵나라를 병합한 진나라가 우나라를 친 것은 당연한 귀결이었습니다.

다른 표현으로 수어지교(水魚之交)라 하여 '매우 친밀하게 사귀어 떨어질 수 없는 사이'를 일컫는 말도 있습니다. '물과 고기의 사귐' 이란 뜻으로, '고기가 물을 떠나서는 잠시도 살 수 없는 것'과 같은 관계를 비유한 말입니다. 이 말은 중국 삼국시대의 유비와 제갈량 의 관계를 두고 한 말입니다.

수어지교는 긍정적인 의미로 쓰이는 반면 순망치한은 조금 부정 적인 의미로 쓰일 수 있습니다. 연대책임으로 내가 잘못되면 너도 함께 책임져야 한다는 의미가 내포되어 있습니다. 흔히 악어와 악 어새를 공생 관계라고 합니다. 공생 관계는 하나의 개체가 사라지면 다른 개체가 제대로 살아갈 수 없음을 뜻합니다.

단 한 번밖에 살 수 없다면 인문고전을 읽어라

미국의 철학자 윌리엄 제임스는 "우리를 가장 기쁘게 하는 것은 자기가 누구에겐가 필요한 존재라는 사실이다. 자신이 남을 돕는 데 없어서는 안 될 중요한 존재이며 자기가 있음으로 해서 다른 사람에게 행복을 준다는 사실은 더없이 즐거운 생각이다. 행복은 우리가 이기심을 떠나 이타적인 존재로서 이타적인 행위를 할 때 찾아온다"고 했습니다. 친한 관계일수록 더욱 위해야 한다는 뜻입니다.

087

쓸모없음에 더 큰 쓸모가 있다

그 특별한 능력 때문에 오히려 더 괴로운 인생을 산다.

이기능고기생 以其能苦其生

－《장자》〈내편 인간세(內篇 人間世)〉

"유능한 것은 물론 기쁜 일이지만, 그 능력이 오히려 살아가는 데 괴로움을 초래할 수도 있다. 쓸모 있는 나무는 벌채되고, 쓸모없는 나무는 자연 그대로 수명을 다한다. 무능한 자는 세상이 기대하는 일도 없으며, 따라서 평온하고 아무 일 없이 인생을 보낼 수 있다."

장자(莊子)는 일찍이 '쓸모없음에 더 큰 쓸모가 있음'을 깨닫고 그

것을 추구했습니다. 무용지용(無用之用) 원리를 터득한 것입니다. 쓸모없음이란, 있는 그대로 내버려두어 인위적인 손길이 닿지 않은 자연 그대로의 길입니다. 쓸모 있음이란, 사람에게는 쓰임이 있는 길, 즉 예쁘게 가꾸어진 꽃길로 꽃 수확의 기쁨을 능히 줄 수 있는 길입니다. 쓸모 있는 것만을 추구하며 몰두하는 사람이 '쓸모없는 나무[散木]가 가진 본뜻을 다 헤아릴 수 없다'는 의미입니다.

어느 날 장자가 산길을 가고 있는데 가지와 잎이 무성한 큰 나무가 있었습니다. 그런데 그 옆에 있는 나무꾼이 그 나무를 베려고 하지 않는 것이었습니다. 장자가 그 까닭을 물으니, "아무짝에도 쓸모없기 때문입니다"라고 대답했습니다. 그러자 장자는 "이 나무는 좋지 못하기 때문에 그 타고난 수명을 다하게 된다. 무용지물(無用之物)이란 아무 데도 쓸모없는 물건을 말한다. 하지만 그 무용지물이 때로는 유용지물(有用之物)이 되는 경우가 있다. 이와 마찬가지로 아무 쓸모 없는 것처럼 보이는 것이 실상보다 쓸모 있는 것이 바로 무용지용(無用之用)이다"라고 말했습니다.

세속의 사람들이 생각하는 반대쪽에 항상 진리가 있다고 주장하는 도가(道家)의 사상에서 나온 말입니다. 장자는 이처럼 역설적으로 무용지용에 대해 표현했습니다. '굽은 나무가 선산을 지킨다'는 속담이 있습니다. 굽은 나무는 베지 않기 때문에 본래의 수명을 다하며 자연을 지킨다는 무용지용의 의미와 부합하는 말입니다.

'병신 자식 효도한다'는 속담이 있습니다. 대수롭지 않은 사람이 도리어 제구실을 한다는 뜻입니다. 열 손가락 깨물어 안 아픈 손가락 없겠지만, 애지중지(愛之重之) 키운 잘난 자식들은 다 도회지로 떠나가고 정작 부모가 아플 때 곁에서 병 수발 드는 자식은 '병신 자식'밖에 없다는 것입니다.

'모난 돌이 정 맞는다'는 속담도 있습니다. '두각을 나타내는 사람이 남에게 미움받는다'는 뜻입니다. 잘난 사람의 탁월함을 존경하기보다 질시하는 사람들이 더 많기 때문에 남들보다 능력 많고 우월하거나 강직한 사람이 되레 남의 공박(攻駁)과 미움의 대상이 될 수 있습니다.

장자는 쓸모 있는 것에 대한 의미는 잘 알지만 쓸모없음의 참다운 쓸모에 대해 아는 자는 드물다고 개탄했습니다. 표면적으로는 쓸모 없어 보이는 것에 대한 철학적 고찰을 통해 진정한 자유와 행복에 대해 생각해볼 수 있습니다. 겉치레와 포장보다는 실속과 내면의 성장에 초점을 맞추는 삶을 살아가야겠습니다.

단 한 번밖에 살 수 없다면 인문고전을 읽어라

088

/

마음을 멈추는 순간 깨달음을 얻는다

●   ●

거울이 밝고 투명하면 먼지가 끼지 않는다.

감명즉진구부지 鑑明則塵垢不止

－《장자》〈내편 덕충부(內篇 德充符)〉

●   ●

"거울이 깨끗하면 거기에는 먼지가 전혀 끼지 않는다. 사람도 마
음을 잘 가다듬어서 아름답게 간직하고 있으면 나쁜 생각이 머물
지 않는다."

맑은 거울은 모든 것을 환히 비추는 것과 같이 '사람의 마음도 밝
으면 올바른 도리를 얻는다'는 뜻입니다. 얼굴은 마음의 투영입니
다. 마음이 맑고 투명한지 어둡고 불투명한지, 그 사람의 얼굴에

드러납니다.

공자는 '유익한 즐거움 3가지[益者三友]'에 대해 "예와 음악으로 절제된 생활을 즐기고, 남의 좋은 점을 말하기를 즐겨하며, 어진 벗이 많음을 즐기면 유익하다"라고 말했습니다. 아울러 '해로움을 끼치는 즐거움 3가지[損者三友]'에 대해 "교만과 쾌락을 즐기고, 태만하게 놀기를 즐기며, 잔치 벌이기를 즐기면 해롭다"라고 했습니다.

또한 정수유심(靜水流深) 심수무성(深水無聲), 즉 '고요한 물은 깊이 흐르고 깊은 물은 소리가 나지 않듯 고요함 속에 참 진리가 있다'라고 했습니다. '침묵과 마음의 정갈함 속에 진정 참된 가치와 위대함이 있다'는 뜻입니다. 때로는 침묵을 통한 자기 성찰과 반성의 시간이 필요합니다.

이에 관한 유명한 일화가 있습니다. 한 아이가 공장에서 집안 대대로 내려오던 회중시계를 잃어버렸습니다. 아이는 사방을 다 뒤졌으나 찾을 수가 없어 아버지에게 사실대로 말했습니다. 아버지는 "모두 하던 일들을 잠시 멈추고 전원을 끈 채 조용히 기다려보자!"라고 말했습니다. 잠시 침묵이 흐르고 얼마 되지 않아 '째깍째깍' 소리가 들리기 시작했습니다. 시계는 주위 환경이 조용해지자 구석진 바닥에서 자신의 위치를 알렸던 것입니다.

단 한 번밖에 살 수 없다면 인문고전을 읽어라

아버지가 아들에게 말했습니다. "세상이 시끄러울 때는 조용히 있어보아라. 잃어버렸던 소중한 것들을 찾을 수 있을 것이다." 사람이 태어나서 말을 배우는 데는 약 2년이 걸리지만, 침묵을 배우는 데는 60년이 걸린다고 합니다. 어지러운 세상 속에서 잠시나마 '자신을 위한 침묵의 시간'을 가진다면 마음의 고요를 얻을 것입니다.

인간의 영혼을 울리는 맑은 심성의 소유자라면 덕치주의(德治主義)와 인본주의(人本主義) 사상을 기반으로 참된 도리와 사랑을 실천할 수 있습니다. 실생활에서도 내면적 아름다움을 가지고 창의성 있고 '윤기 있는 삶'을 위한 행보를 지속해나간다면, 늘 행복과 희망의 기운이 함께할 것입니다.

089

강한 영혼은 고난 속에서 태어난다

헌은 비록 가난하기는 했어도 병들지는 않았다.

빈야 비병야 貧也 非病也
—《장자》〈잡편 양왕(雜篇 讓王)〉

"공자의 문인인 원헌이 매우 가난한 생활을 하고 있을 때, 같은 문하의 자공(子貢)이 호화로운 차림으로 찾아왔다. 원헌의 형편없는 모습을 보고, '당신은 어디 몸 상태가 좋지 않은가?'라고 물었다. 이에 대하여 원헌은 '재산이 없는 자를 가난하다고 하며, 학문을 닦았으면서도 그 학문을 살려서 실천하지 못하는 자를 병들었다고 한다'라고 들었다. 나는 가난하기는 하지만 병들지는 않았다'라고 했다."

자공이 머뭇거리며 부끄러운 기색을 하자 원헌이 다시 웃으며 말했습니다. "세상의 평판을 바라면서 행동하고, 자기와 친하게 어울리는 사람만을 벗하고, 남에게 내세우기 위해 학문을 하고, 자기의 이익을 위해서 가르치고, 인의(仁義)를 내세워 간악한 짓을 하고, 수레와 말을 장식하는 일들은 차마 할 수가 없습니다." 제대로 된 학문을 익혔다 하더라도 그 실천이 올바르지 못하고 도의를 벗어난다면, 올바른 학식을 갖춘 자가 아니라 차라리 마음이 병든 자라는 의미입니다.

가난한 것만으로도 충분히 삶의 질이 떨어질 수 있습니다. 하지만 비록 가난해도 늘 학문을 갈고닦으며, 온 정신을 배움에 정진한다면 삶의 철학과 깊이로 인해 힘들거나 외롭지 않습니다.

안빈낙도(安貧樂道), 즉 '구차하고 궁색하면서도 그것에 구속되지 않고 평안하게 즐기는 마음으로 살아간다'면 가난에 구애받지 않을 것입니다. 그러한 삶에는 내적 평온과 온화함이 충만하기에 옛 성인들은 그 자체를 즐기며 누렸습니다. 남의 시선을 의식하거나 생활 자체의 질적 수준을 비교한다면 결코 삶을 즐길 수도 만족할 수도 없습니다.

헬렌 켈러는 "쉽고 편안한 환경에서는 강한 인물이 만들어지지 않는다. 시련과 고통의 경험을 통해서만 강한 영혼이 탄생하고 통찰력이 생기고 일에 대한 영감이 떠오르며 마침내 성공할 수 있다"라고 말했습니다.

가난하다고 병자가 되는 것은 아닙니다. 되레 힘든 시련과 고통, 가난한 환경을 기꺼이 감내함으로써 더욱 강한 정신력과 통찰력으로 진정 인간다운 삶을 만들어갈 수 있습니다.

090

성공과 실패는 들어오는 문이 같다

화와 복은 들어오는 문이 같으며,
이익과 해악은 서로 이웃지간이다.

화여복동문 이여해위린 禍與福同門 利與害爲鄰
– 《회남자》 〈인간훈(人間訓)〉

"화(禍)와 복(福)은 같은 문으로 들어오고 사람이 이것을 초래한
다. 또한 이익과 손해는 정반대의 것처럼 생각되지만, 사실은 이
롭다고 여겨지는 것이 오히려 해악을 부르고, 해롭다고 여긴 것이
한편으로는 이익이 되는 경우가 많다. 이익과 해악은 항상 동전
의 양면처럼 붙어 있다."

화와 복은 들어오고 나가는 문이 같은데, 출입 허가는 대부분 사람이 결정한다는 것입니다. 인간관계나 대물, 재물 등의 관계가 엮여서 순환하다 보면 막상 이익을 보았던 것이 손해가 되고 손해를 보았다고 생각했던 것이 이익이 되어 돌아오기도 합니다.

예로부터 현자(賢者)는 '웃음에서 울음을 보고, 발전에서 퇴보를 보며, 삶에서 죽음을 본다'고 했습니다. 양과 음, 옳고 그름, 기쁨과 슬픔, 삶과 죽음이 공존하는 것이 만물의 이치라는 것이지요. 세상사 영원히 절대적인 것도 없고 불변의 진리 또한 없습니다. 인간의 삶에서 길흉화복도 돌고 도는 것과 같은 이치입니다.

고서(古書)에서도 '3가지 이익이 있으면, 반드시 3가지 근심이 있다'고 했습니다. 어떠한 일이나 사건을 두고 일희일비(一喜一悲)하는 것이 아니라 세상을 넓게 바라봐야 합니다. 순간적인 감정에 휩싸여 자신의 유불리(有不利)를 성급히 따지지 말라는 것입니다.

송나라 시인 구양수(歐陽脩)는 자신의 주장만이 진리라고 말하는 사람을 두고 이런 시를 썼습니다. "자연의 이치에는 변화가 있고 인간사의 이치도 늘 완전한 것이 아니네. 옳고 그름은 서로 바뀔 수 있고 버리고 취하는 것은 용단(勇斷)에 달려 있다네." 그리고 회남자(淮南子)는 다음과 같은 글로 자기주장을 강변하는 사람을 희롱

단 한 번밖에 살 수 없다면 인문고전을 읽어라

했습니다. "천하의 옳고 그름은 정해져 있는 것이 아니다. 옳음을 구하는 자는 도리를 구하는 것이 아니라 자신에게 맞는 것을 구하는 것이고, 그름을 배척하는 자는 그릇된 것을 배척하는 것이 아니라 자신에게 불편한 것을 배척하는 것이다."

시시각각(時時刻刻) 변화하는 시대에 자기주장만을 고집하는 것이 자신에게 유리하게끔 '자기합리화를 위한 것'은 아닌지, 자신이 싫어하고 배척하는 것들이 결국 자신에게 불리하게 돌아오는 것이 두려워 선수 친 것은 아닌지 스스로 돌아볼 필요가 있습니다.

중국 한나라 때 유향이 편찬한 설화집 《설원(說苑)》에서는 "이익되는 바를 얻었으면 반드시 손해 보는 바를 생각하고, 이루는 것을 즐겼으면 반드시 허물어지는 것을 돌아보라"고 했습니다. 늘 평정심을 갖고 일상의 길흉화복에 일희일비하지 않는다는 뜻입니다.

복이 찾아와도 환호작약(歡呼雀躍, 크게 소리 지르고 뛰며 기뻐하다)하지 않고, 화가 찾아와도 통탄해하지 않는다는 것입니다. 인간의 삶은 굴곡과 애환의 연속이지만, 이 또한 자신이 진정 원하는 복을 부르는 과정임을 깨닫고 긍정적인 마음을 가져야 할 것입니다.

091

내면의 비판에 귀 기울여라

●   ●

**그림자 보기가 두렵고 발자국이 무서워서
그것들로부터 도망친다.**

외영악적이거지주 畏影惡迹而去之走
- 《장자》〈잡편 어부(雜篇 漁父)〉

●   ●

"자기의 그림자를 두려워하고, 또한 자기의 발자국을 두려워해
서 도망치는 자가 있다. 정말로 그림자가 무섭다면 자기 스스로
그림자를 비추지 않으면 되고, 발자국이 남아서 뒤쫓기는 것이
두렵다면 스스로 달리는 것을 멈추면 될 것이다. 나쁜 짓을 하면
반드시 그 나쁜 그림자가 따라온다. 나쁜 짓을 하고 추격자가 오
는 것을 걱정하는 것은 어리석은 일이다."

'도둑이 제 발 저린다'는 속담처럼 지은 죄가 있으면 마음이 조마조마하여 제 발소리에 스스로 놀라듯 죄를 짓고 마음 편할 수 없다는 뜻입니다.

자신이 저지른 잘못이나 과오를 인정하는 것에도 용기가 필요합니다. 용기란 두려움을 극복하는 것입니다. 두려움으로 외면하고 회피할수록 더욱더 깊은 수렁으로 빠져든다는 사실을 결코 잊어서는 안 됩니다.

'소금 먹은 놈이 물을 켠다'라는 속담처럼 죄지은 사람은 벌을 받고 빚진 사람은 그 빚을 갚아야 합니다. 죄를 짓거나 빚지고도 맘 편히 잘 살기가 어렵습니다. 스스로를 속일 수는 없기에 밀려드는 두려움과 잘못을 회피하고픈 마음을 억누를 수 없습니다.

신상필벌(信賞必罰)에는 공정함과 엄중함이 있어야 혼선이 없는 법입니다. 죄를 짓고도 자신에게만은 면죄부를 기대할 수 없다는 뜻입니다. 응당 잘못에 대한 죗값을 치르기 위해서는 스스로 먼저 인정하고 반성해야 합니다. 사람 간에 잘못이나 시빗거리가 있었다면 자신이 먼저 인정하고 상대방에게 양해를 구하는 것이 바람직합니다.

데일 카네기는 "비난받을 일이 있으면 먼저 스스로를 비난하는 편이 낫지 않을까? 남에게 비난을 듣느니 차라리 자기 내면의 비판의 소리에 귀 기울이는 게 더 쉽지 않을까? 자기에게 잘못이 있다는 것을 알게 되면, 상대가 할 말을 먼저 해버리는 것이다. 그렇게 하면 상대방은 할 말이 없어진다. 대개는 먼저 잘못을 인정하는 사람 앞에서 상대방은 관대해지고 잘못을 용서하는 태도로 나올 것이다"라고 했습니다.

솔직하게 잘못을 인정함으로써 앞으로 관계가 더 발전할 수 있다는 뜻입니다. 일상에서 의견 대립이나 감정적 마찰, 옳고 그름을 따지는 논쟁이 수도 없이 발생합니다. 자신만 맞다고 우기며 잘못을 인정하지 않을 때 불통(不通)과 더불어 소외감과 현실 부적응이 생겨납니다. 사사로운 정에 휘둘리거나 불의에 응하면, 질서가 무너지고 도덕이 혼란해지는 법입니다. 누구나 따를 수 있고 지킬 수 있는 법 규정 아래 예외가 없다는 상식을 지켜나갈 때 공정한 사회를 만들 수 있습니다.

단 한 번밖에 살 수 없다면 인문고전을 읽어라

092

/

전문성은 꾸준함으로 만들어진다

자신의 본업을 자주 바꾸면 그 공적을 잃기가 쉽다.

공인삭변업 즉실기공 工人數變業 則失其功

-《한비자》〈해로(解老)〉

"직공이 너무 자주 자기의 일을 바꾸면 그 실적이 오르지 않는다."

'장인(匠人)이 자주 그 일을 바꾸면 만들어낸 작품이 좋지 못하다. 한 가지 일에 전념하지 않으면 성공하기 어렵다'는 표현입니다. 무슨 일이든 하고자 하는 의욕과 열정만 있다면 어느 정도까지는 잘할 수 있습니다. 하지만 본업을 자주 바꿔서 충분한 경력을 쌓지 못하면 전문성과 숙련도가 떨어질 수밖에 없으며 또한 성공으로

가는 길도 멀어집니다.

앞에서 소개한 멀티태스킹의 단점에서 알아보았듯이 이것저것 모두 해내려다 보면 오히려 뇌의 인지력이 떨어집니다. 한 번에 한 가지 일에 집중함으로써 더욱 큰 성과를 올릴 수 있다는 것입니다. 한 가지 분야에 깊이를 더한다면 더 큰 성과를 쌓을 수 있습니다. 이것저것 아는 것이 많을수록 실속이 없거나 전문적인 깊이가 떨어집니다.

'한 우물만 파라'는 속담이 있습니다. 한 가지 일을 끝까지 해내야 성공할 수 있습니다. 하지만 아무리 땅을 파도 물이 샘솟지 않을 수 있습니다. 열심히 했는데 성과가 나오지 않는다면 선택과 집중에 문제가 있는 것입니다. 자신이 진정 잘할 수 있는 분야에 몰입해야 성공 가능성도 커집니다.

요즘은 어떠한 직종이든 전문성을 필요로 하는 시대입니다. 자신이 가진 기술력과 전문지식이 탁월하거나 경험적 노하우까지 겸비하고 있다면, 어느 직장에서든 생존할 뿐 아니라 그 가치를 인정받으며 당당히 경쟁우위를 점할 수 있습니다. 이렇듯 예로부터 장인정신(匠人精神)에 입각하여 그 분야에서 깊이와 더불어 작품의 탁월성을 검증받은 직공만이 장인 대접을 받을 수 있습니다. 한 분야에서 최고의 경지에 이른다면 누구든 반드시 성공할 수 있다는 뜻입니다.

모든 일에서 성과를 내려면 그것에 전념해야 합니다. 특히 경쟁 사회에서 그저 그런 성과를 내는 조직은 퇴보할 수밖에 없습니다. 그렇기에 선택과 집중은 아무리 강조해도 지나치지 않습니다.

스티븐 코비의 아들 숀 코비는 목표를 정하기 전 점검 사항으로 4가지를 언급했습니다. 첫째, 내가 정말 잘하는 것이 무엇인가? 이는 재능에 관한 것입니다. 둘째, 내가 정말 하고 싶은 것이 무엇인가? 이는 열정에 관한 것입니다. 셋째, 내가 돈을 벌면서 사회가 필요로 하는 일은 무엇인가? 이는 필요에 대한 것입니다. 넷째, 내가 옳다고 확신하는 것은 무엇인가? 이는 양심에 관한 것입니다.

자신의 재능과 열정, 그 일에 대한 필요성과 양심에 부합된 분야에서 집중과 전념을 통해 최고의 경지에 이를 수 있어야 합니다.

093

/

강점도 잘 다스려야 가치를 발휘한다

털이나 가죽이 아름답기 때문에 결국 스스로 화를 불러들인다.

이피지미 자위죄 以皮之美 自爲罪

- 《한비자》〈유로(喩老)〉

"털이 푹신한 여우나 검은 가죽의 표범은 매우 귀하게 여겨지지
만, 그 아름다운 모피 때문에 목숨을 잃게 된다. 사람의 경우도
이와 마찬가지여서 자신이 지닌 장점 때문에 몸을 망치게 되는 경
우가 흔히 있다."

적(翟)나라 사람에게 여우와 표범을 진상받은 진문공(晉文公)의 말
로, 너무 잘난 덕에 고통을 겪게 된다는 의미입니다. 대중 속에 파

묻혀 있을 때는 잘 보이지 않다가도 돌연 군중심리(群衆心理)를 이용해서 대중을 선동하거나 앞으로 나서면 응당 표적이 될 수밖에 없습니다.

사람이든 동물이든 저마다 자신이 가진 개성과 특징이 있고 그 쓰임새도 각기 다릅니다. 그러한 장기나 두드러진 장점으로 인정받는 것도 큰 기쁨일 것입니다. 하지만 그로 인해 화를 불러오거나 재앙이 닥칠 수도 있습니다. 장점과 효용성이 오히려 자신을 희생하는 결과를 초래한다는 뜻입니다. 효용 가치가 큰 물건일수록 수단과 방법을 가리지 않고 손에 넣고 싶은 욕구를 자극합니다.

그러나 선망의 대상이 되거나 표적이 되어 불이익을 당하더라도 자신이 진정 하고자 하고 해야 할 일이라면 두려움 없이 나서야 합니다. 쇼펜하우어는 "모든 진리는 세 단계를 거친다. 첫 번째는 조롱당한다. 두 번째는 강한 반대에 부딪힌다. 세 번째는 자명한 것으로 인정받는다"고 했습니다. 조롱과 강한 반대를 감당할 수 있는 자만이 자신을 바꿀 수 있고 세상을 바꿀 수 있습니다. 하지만 자신이 가진 장점이 표적이 되거나 이용 수단이 되지 않도록 자기 관리를 해야 하겠습니다.

094

자신을 이겨야 한계를 넘어선다

나는 나와의 싸움에서 이겼기 때문에 더 튼튼해졌다.

전승 고비야 戰勝 故肥也

－《한비자》〈유로〉

"공자의 제자 증자는 자하(子夏)가 살찐 것을 보고 그 이유를 물었다. 자하는 '싸움에 이겨서 튼튼해졌다'라고 대답했다. 증자가 다시 그 이유를 묻자 자하는 '나는 이제까지 한편으로는 스승(공자)에게 배운 도를 즐기려고 생각하고, 다른 한편으로는 세속의 영예를 얻고 싶은 생각이 있어 이 2가지 욕망이 항상 가슴속에서 싸우고 있었는데, 요즘에야 겨우 스승의 도를 따르려는 생각이 이겼다(자신에게 이겼다). 그러므로 자연히 몸도 건강해졌다'라고 대답했다."

이 세상에서 가장 힘들고 어려운 싸움이 바로 자신과의 싸움입니다. 하지만 대부분 자신과의 싸움에서 패합니다. 남에게는 하등의 손해를 보지 않으려고 관용을 베풀기를 주저하지만, 자신에게는 언제나 결정적인 순간에 관대한 아량을 베풀기 때문입니다. 남들이 하면 '어떻게 그럴 수가 있지?'라고 생각하던 일도 자신이 하면 '살다 보면 그럴 수도 있지!'라고 생각하는 것입니다. 자신에게는 채찍질을 가하기보다 당근만 주다 보면 의지가 강해질 수 없습니다.

가슴속 욕망과 스승의 도를 따르려는 생각 사이의 싸움에서 이긴 것은 결국 자하 자신이었던 것입니다. 그는 자신의 욕망을 스스로 제어할 수 있었다는 것에서 대단한 만족을 느꼈고 이로 인해 몸도 더욱 튼튼해졌다고 인정했습니다.

한비자(한비를 높여 이르는 말)는 인간에 대한 믿음이나 사랑보다는 법에 의거한 군주통치(君主統治)를 주장했습니다. 인간은 욕망을 가진 존재이고 욕망이 강할수록 자신의 이익을 추구하기 위해 늘 감정을 표출하게 됩니다. 이것은 지극히 당연한 것이므로 군중을 다스리고자 하는 사람은 이런 욕망을 제어할 수 있어야 합니다. 법을 통해 예외와 인정(人情)을 배제하고 철저하게 욕망과 위선을 통제할 때, 국가든 사회든 강한 힘을 갖게 된다는 것이 한비자의 지론입니다.

또한 한비자는 《한비자》 〈외저설 상(外儲說 上)〉에서 "국가는 군주의 수레이다[國者, 君之車也]"라고 표현했습니다. 그는 군주정치를 가장 이상적인 현실정치로 추구했습니다. 그래서 흔히 그를 '동양의 마키아벨리'라고 불렀습니다. 개인의 욕망을 제어하려는 것은 국민들을 한뜻으로 모아 응집력을 극대화하기 위해서였습니다. 자율성과 다양성이 갈등과 대립을 가져올 수 있다는 생각 때문입니다.

욕망의 지배를 받을 때 스스로를 속이는 위선 또한 판을 치며 자신을 패자로 몰아갈 수 있습니다. 자신과의 싸움에서 진정한 승자로 살아남고 싶다면, 이러한 욕망을 자제하고 위선을 배제하는 결단력을 키워야 할 것입니다. 자신과의 싸움에서 이기려면 강한 의지력을 키우고 헛된 욕망과 위선적인 마음가짐을 버려야 합니다.

단 한 번밖에 살 수 없다면 인문고전을 읽어라

095
/
변화해야 할 시점을 놓치지 말라

●   ●

큰 집이 무너지려 할 때 나무 하나로는 도저히 버틸 수가 없다.
대하장전 비일목소지야 大廈將顚 非一木所支也
─《문중자(文中子)》〈사군(事君)〉

●   ●

"대세가 이미 기울어져 나라가 망하려고 할 때, 한 사람의 힘만으
로는 도저히 바로잡을 수 없다."

국가가 장차 망하려 할 때는 한 사람의 힘으로는 도저히 구할 수
없음을 비유한 말입니다. 유사한 표현으로 일목난지(一木難支), 즉
'나무 한 그루로는 지탱하기 어렵다'는 표현도 있습니다. 이미 대
세가 기울어져 혼자 힘으로는 감당할 수 없다는 뜻입니다. 그 전에

위기의식을 느낄 만큼의 전조나 어떠한 조짐이 있었는데도 무시하거나 간과했을 것입니다.

위기가 고조될 대로 고조되고 대세가 기울 대로 기울면 승부는 이미 끝난 것입니다. '난세에 영웅이 난다'고 하지만 혼란한 세상사를 바로잡을 수 있는 영웅도 이미 무너지고 있는 나라를 바로 세울 수 없습니다. 따라서 무엇보다 사전 예방과 위험 요인을 미연에 방지하는 것이 필요합니다.

미국 해군 제독 그레이스 호퍼는 "우리에게 가장 큰 피해를 끼치는 말은 '지금껏 늘 그렇게 해왔어'라는 말이다"라며 그릇된 관행이나 불찰, 잘못을 무시하거나 묵인하는 습관을 경계하라고 했습니다. 지금 하는 일을 새로운 시각으로 보고 변화를 시도하기보다 타성에 젖어 늘 해왔던 대로 이어가려는 습관을 버리지 못한다는 것입니다. 문제가 생겼을 때 모든 구성원들이 하나로 뭉쳐 책임감을 느끼고 확실한 공조체제(共助體制)를 이룬다면 해결 방안을 찾을 수 있습니다.

독일의 작가 슈텐 나돌니는 "만사에는 2가지 시점이 있다. 적절한 시점과 놓쳐버린 시점이다"라고 말했습니다. 만사형통(萬事亨通)을 원한다면 적절한 시점을 놓치는 일은 없어야 할 것입니다.

　　　　　　단 한 번밖에 살 수 없다면 인문고전을 읽어라

096

/

현명한 사람은 모호한 행동을 하지 않는다

참외밭에서는 신을 고쳐 신지 않고,
자두나무 밑에서는 함부로 갓을 고쳐 쓰지 않는다.

과전불납리 이하불정관 瓜田不納履 李下不正冠
－《문선(文選)》〈고악부(古樂府)〉'군자행(君子行)'

"참외를 훔친다는 오해를 피하기 위하여 참외밭에서 신발을 고쳐 신지 않는다. 또 자두나무 밑에서 손을 들어 갓을 고쳐 쓰지 않는 것은 자두를 딴다는 오해를 받지 않기 위해서이다."

참외밭에서 신발을 고쳐 신으면 마치 참외를 따는 것처럼 보이고, 자두나무 아래서 손을 들어 갓을 고쳐 쓰려고 하면 마치 자두를 따는 것처럼 보이니 애초에 의심받을 짓은 삼가라는 뜻으로 "군자는 미리 방지하여 혐의받을 염려가 되는 곳에 있지 말 것이다"라고 했습니다. 현명한 자는 오해의 소지가 있는 말이나 행동을 삼간다는 뜻입니다.

백지애매(白紙曖昧)라 하여 '까닭 없이 죄를 뒤집어쓰고 재앙을 당하여 억울하다'는 말이 있습니다. 억울한 오해를 사서 자신의 떳떳함을 입증하는 데 시간을 소모할 필요 없이 아예 오해받을 행동을 하지 말아야겠습니다.

데일 카네기는 "우리는 피할 수 없는 나쁜 일을 받아들이고 스스로 조절할 수 있으며, 그 반대로 그것에 항거하느라 생활을 망치고 심지어 정신도 무너지게 할 수 있다"라고 말했습니다. 불가피한 환경에 임박하면 어떻게든 벗어나기 위해 최대한의 노력을 불사하겠지만, 그로 인해 잃어버린 시간과 물질적인 손실, 자괴감 등은 돌이킬 수 없습니다. 함부로 오해받을 행위나 혐의를 살 행동은 애초에 하지 말아야겠습니다.

097

/

강할 때와 약할 때를 잘 다스려라

●　　　　　　　　　　　　　　　　　　　　●

나라는 늘 강할 수도 없고 그렇다고 늘 약할 수도 없는 법이다.

국무상강 무상약 國無常強 無常弱
- 《한비자》〈유도(有度)〉

●　　　　　　　　　　　　　　　　　　　　●

"국가 그 자체로는 영구히 강할 수도 없거니와 영구히 약할 수도
없다. 국가의 강약은 정치 방법에 달려 있다."

상강(常強)은 '언제나 강한 것, 영원히 부강한 것'을 의미하며, 상
약(常弱)은 '언제나 약한 것, 영구히 허약한 것'을 의미합니다. 영원
한 강대국도 없고 영원한 약소국도 없으니, 법을 집행하는 자가 강
하면 국가가 강해지고 법을 집행하는 자가 약하면 국력이 약해진

다는 뜻입니다.

19세기 중국을 이끌던 청나라가 쇠퇴한 이유는 무엇이었을까요? 바로 서양의 적극적인 공세와 아편전쟁 때문이었습니다. 당시 청나라 황제는 무능하고 서태후에 의한 집권으로 이미 재정은 악화된 상태였습니다. 청나라에 아편 중독자가 많아지자 아편 수입을 막았는데, 아편은 영국의 주요 수출품이었기에 이를 구실로 청나라에 전쟁을 일으켰던 것입니다. 막강한 선진 화력을 앞세우고 중국의 인해전술(人海戰術)에 대비하여 프랑스까지 끌어들인 아편전쟁에서 청나라는 패하고 말았습니다.

전성기에는 '무엇을 하든 자신감이 넘치고 누구와 경쟁하든 이길 수 있다는 당당함'이 있습니다. 하지만 전성기가 지날수록 의지력과 체력이 떨어지고 하늘을 찌를 듯했던 자신감과 당당함도 사라집니다. 그럴수록 더욱 체력과 자신감을 향상하기 위한 노력을 게을리하지 않아야 합니다. 조직의 경우 시스템을 잘 갖추고 인재 창출과 제도 정비, 기술 혁신 등을 잘 이끌어간다면 전성기를 오래 유지할 수 있습니다.

마키아벨리의 《군주론》 끝부분에 이런 표현이 나옵니다. "인간의 자유로운 의욕은 무슨 일이 있어도 잃어서는 안 된다. 가령 운명이

단 한 번밖에 살 수 없다면 인문고전을 읽어라

인간 활동의 절반을 주재한다 해도, 적어도 나머지 반은 우리의 지배에 맡겨져 있기 때문이다." 그는 '인간의 생각을 완전히 초월한 대격변(大激變)을 밤낮으로 보고 있다' 하더라도 삶의 희망과 기쁨, 긍정 에너지와 미래에 대한 낙관을 버릴 수 없다고 했습니다.

삶은 확고한 의지로 충분히 유쾌하고 희망적으로 만들어갈 수 있습니다. 세상에 영원히 강한 것은 없으니, 유비무환의 자세로 초심을 잃지 말고 자신의 미래를 이끌어가야 하겠습니다.

098

마음을 내려놓을수록 인맥은 넓어진다

가는 사람을 굳이 쫓지 않으며,
오는 사람을 구태여 막지 않는다.

왕자불추 내자불거 往者不追 來者不拒

— 《맹자》 〈진심 하(盡心 下)〉

"떠나가는 자는 쫓아가지 않으며 오는 자는 거절하지 않는다. 내 곁을 떠나는 자는 떠나가게 내버려두고 배움을 구해서 오는 자는 그의 과거가 어떠하든 구애받지 않고 받아들일 것이다."

인간관계에서 '어떤 경계나 조건을 미리 세워놓지 않고 접한다'는 뜻입니다. 맹자가 등(滕)나라를 방문했을 때의 일입니다. 숙소를

영빈관(迎賓館)에 정했을 때 관리가 짚신을 만들어 창가에 놓아두었는데, 누군가 그것을 훔쳐가 버렸습니다. 관리는 맹자를 향해 빈정거리는 투로 "이는 당신과 함께 온 사람의 짓이오"라고 말했습니다. 이에 맹자가 말했습니다. "지금 내 일행이 짚신을 훔쳤다고 나에게 그것을 돌려달라고 말하는 것입니까? 어쩌면 사실일지도 모르지요. 제자를 삼을 때 '가는 사람 쫓지 말며 오는 사람 막지 말라'고 했으니, 그 말대로 배울 의지가 있다면 그 누구라도 제자로 삼고 있습니다."

당시 맹자는 가리지 않고 누구라도 받아들여서 능력껏 자신의 학문을 키우게 했습니다. 예전부터 배움을 얻고자 스승을 방문할 때나, 평상시 어른에게 인사하러 갈 때는 반드시 뭔가를 들고 갔습니다. 가난하면 가난한 대로, 넉넉하면 넉넉한 대로 그에 따른 예의를 지켰습니다. 타인을 대함에 있어서도 차별이 아닌 도의(道義)로서 최소한의 인격적 대우를 해주었던 것입니다. 인간관계는 자연스럽게 이어지는 것이지 일방적으로, 뜻대로 되지 않는다는 의미입니다.

관계 지향적인 삶에서 관계를 유지하는 데 문제가 생기거나 피하고 싶은데도 굳이 관계를 이어가면 서로에게 결코 이익이 되지 않습니다. 관계에 일희일비하지 말고 흐르는 물과 같이 순리에 따라 살아가라는 의미입니다.

사람들은 관계에 있어서도 유불리(有不利)를 따져서 자신이 편하거나 이익이 되는 사람들과 사귀고 싶어 합니다. 하지만 그중에는 자신과 마음이 맞는 사람도 있고 그렇지 않은 사람도 있습니다. 사회생활에서 만남과 헤어짐을 자신의 의지대로 정리할 수 없는 관계도 얼마든지 있습니다.

'회자정리(會者定離) 거자필반(去者必返) 생자필멸(生者必滅)' 즉 '만나면 언젠가는 헤어지기 마련이고, 떠난 사람은 반드시 돌아올 것이고, 태어난 것은 반드시 죽는다'고 했습니다. 만해 한용운의 〈님의 침묵〉에도 "사랑도 사람의 일이라, 만날 때에 미리 떠날 것을 염려하고 경계하지 아니한 것은 아니지만, 이별은 뜻밖의 일이 되고 놀란 가슴은 새로운 슬픔에 터집니다. 우리는 만날 때에 떠날 것을 염려하는 것과 같이 떠날 때에 다시 만날 것을 믿습니다"라는 구절이 있습니다. 인간사 만남과 헤어짐이란, 오롯이 자기 의지와 능력으로만 이루어지는 것이 아님을 알고 노력하되 집착하거나 연연해서는 안 되겠습니다.

단 한 번밖에 살 수 없다면 인문고전을 읽어라

099

/

성공하는 사람은 운을 탓하지 않는다

천명이 아닌 것이 없으나, 그 올바른 명에 대해서는
도리에 거슬리지 않게 받아들여야 한다.

막비명야 순수기정 莫非命也, 順受其正
–《맹자》〈진심 상〉

"인간의 길흉(吉凶)과 화복(禍福), 그리고 수명(壽命)은 모두 천명
(天命)에 의해 정해진 것이므로 이를 올바르고 순순하게 받아들
여야 한다. 그러나 무리해서 위험을 무릅쓰거나 부주의한 행위를
하고도 그것 역시 천명이라고 해서는 안 된다."

'모든 것에는 운명이 아닌 것이 없다고 하겠으나, 바르게 살아서

정당한 운명을 받을 수 있도록 해야 한다. 그러므로 천명을 아는 자는 무너져가는 담장 밑에 서지 않는 법이다. 전력을 다해 도(道)를 행하다가 죽는 사람은 정당한 운명을 따른 것이요, 죄를 범하여 착고(着錮)와 수갑(手匣)을 차고 죽는 사람은 정당한 운명을 받은 것이 못 된다'는 의미입니다.

맹자는 사람의 운명을 '정명(正命)'과 '비정명(非正命)'으로 구분했습니다. 정명은 충분히 올곧고 정정당당하게 사는 것을 말하고, 비정명은 그냥 아무렇게나 의미 없이 죄를 짓기도 하고 나 자신뿐 아니라 남에게도 피해를 끼치며 사는 것을 말합니다. 얼마든지 자신의 노력 여하에 따라 잘 살 수 있고 충분히 벗어날 수 있는 일도 구태여 피하지 않는다면, 그것은 정명이 아닙니다.

자신의 노력과 의지로 더 좋은 운명을 만들 수 있습니다. 하지만 부적절한 행위를 하고도 운명이었다고 변명해서는 안 됩니다. 무엇보다 '올바른 명(命)'이 무엇인지를 알아야 합니다.

중국 불교 선종(禪宗)의 제6대 조사인 혜능(慧能) 대사에 관한 일화가 있습니다. 바람에 나부끼는 깃발을 보고 "움직이는 것이 과연 바람인가, 아니면 깃발인가?" 하고 스님들의 의견이 분분하자, 그는 "움직이는 건 바로 당신들의 마음이다"라고 일갈했습니다. 자신

단 한 번밖에 살 수 없다면 인문고전을 읽어라

이 스스로 내린 결정과 판단에 대한 가치 기준에 따라 '정명과 비정명의 차이'가 확연히 드러날 수 있습니다.

자신의 마음을 잘 다스리되, 도리에 어긋남 없이 정명한 삶을 주도할 수 있는 능력을 키워야겠습니다. 스스로 운명을 개척하고 천명을 받아들이되, 자신의 마음을 잘 다스려 정명과 도리에 맞는 삶을 살아야 합니다.

100
/
리더의 권한은 책임감에서 나온다

나라의 좋지 못한 일을 도맡아서 책임지는 자가
진정한 나라의 주인이다.

수국지구 시위사직주 受國之垢 是謂社稷主
— 《노자》 〈78장〉

"나라의 주인이 되는 지위에 있는 사람은 나라의 가장 나쁜 점,
가장 더러운 점을 스스로 떠맡을 의지가 있어야 한다. 임금 된 자
는 모든 백성의 죄를 혼자 책임져야 한다. 임금이 나랏일을 책임
지는 것은 하늘의 도이다."

임금 된 자라면 자신과 집안의 실속만을 챙기는 소인이 아니라,

전체 백성과 나라를 책임지고 이끌어가는 대인의 역할을 실천해야 합니다.

공자는 '인무원려(人無遠慮) 필유근우(必有近憂)'라 하여, '사람이 깊은 사려가 없으면, 반드시 가까운 근심이 생긴다'고 했습니다. 특히 국정을 책임지고 이끌어가는 대통령이라면, 쉬이 당리당략에 휘둘려서도 안 되고 정책 결정에도 심사숙고해야 합니다. 또한 명확한 중도노선(中道路線)으로 어느 한쪽에 치우침이 없는 국정 운영과 국가 이익에 우선하는 정책을 펴야 합니다. 국가 안보나 재정 위기 등 사태가 심각할 때 더 무거운 책임감과 판단력으로 나라를 보위해야 합니다.

공직에 임하는 사람들의 마음과 행동거지에는 일체의 흑심과 그릇됨이 없어야 합니다. 책임과 권한이 따르는 자리에 올라 권력만 앞세우고 사리사욕에 눈멀어 경거망동하거나 당연한 소임을 수행하지 않을 때는 반드시 총체적인 문제가 발생합니다.

특히 한 나라를 대표하는 임금이나 대통령이라면, 더욱 그 책임과 권한이 막중해서 현명한 판단력과 미래를 내다보는 혜안을 겸비해야 국정을 끝까지 책임지고 이끌어갈 수 있습니다.

헌법 제1조 2항에 "대한민국의 주권은 국민에게 있고, 모든 권력은 국민으로부터 나온다"고 명시되어 있습니다. 대통령은 국민의 모든 권력을 대신해서 일하는 '최고 권한 대행자'입니다. 당연히 조변석개(朝變夕改)하듯 변덕스러움도 없어야 하고 때론 부당한 일에 대한 초지일관(初志一貫)의 미련도 버려야 합니다. 또한 국민의 마음을 한뜻으로 모아 전달할 때는 국민의 정서를 헤아릴 줄 아는 넓은 마음과 확고한 결단력을 갖고 있어야 합니다.

대통령이 가져야 할 '1감(感) 6력(力)'은 다음과 같습니다. 1감(感)은 무한 책임감입니다. 6력(力)은 선한 영향력, 상황 판단력, 깊은 통찰력, 넓은 포용력, 인재 선별력, 국가 안보력입니다.

마키아벨리는《군주론》에서 "원래 인간은 은혜도 모르고 변덕이 심하며, 위선자인 데다 뻔뻔스럽고 신변의 위험을 피하려고만 하고, 물욕에 눈이 어두워지기 마련이다"라며 인간의 본성을 꿰뚫어 보았습니다. 변덕스럽고 이기적인 인간들의 뜻을 하나로 모으고 조직을 정비하고 나라를 세워 역사를 새롭게 만들어가는 것이야말로 통치권을 가진 대통령의 무한 책임과 능력입니다.

人文古典

단 한 번밖에 살 수 없다면
인문고전을 읽어라

초판 1쇄 인쇄 | 2023년 01월 05일
초판 1쇄 발행 | 2023년 01월 10일

지은이 | 김부건
펴낸이 | 정서윤

편집 | 추지영
디자인 | 지 윤
마케팅 | 신용천
물류 | 책글터

펴낸곳 | 밀리언서재
등록 | 2020. 3. 10 제2020-000064호
주소 | 서울시 마포구 동교로 75
전화 | 02-332-3130
팩스 | 02-3141-4347
전자우편 | million0313@naver.com
블로그 | https://blog.naver.com/millionbook03
인스타그램 | https://www.instagram.com/millionpublisher_/

ISBN 979-11-91777-25-3 03140

값 · 18,000원